कविता में औरत

कविता में औरत

अनामिका

वाणी प्रकाशन

वाणी प्रकाशन

4695, 21-ए, दरियागंज, नयी दिल्ली 110 002

फ़ोन : +91 11 23273167 फ़ैक्स : +91 11 23275710

शाखाएँ

अशोक राजपथ, पटना 800 004, बिहार

कॉफ़ी हाउस कैम्पस, महात्मा गांधी मार्ग, इलाहाबाद 211 001, उत्तर प्रदेश

महात्मा गांधी अन्तरराष्ट्रीय हिन्दी विश्वविद्यालय, वर्धा 442 001, महाराष्ट्र

सुल्तानिया रोड, मोतिया पार्क, भोपाल 462 001, मध्य प्रदेश

www.vaniprakashan.in
marketing@vaniprakashan.in
sales@vaniprakashan.in

KAVITA MEIN AURAT
by Anamika

ISBN : 978-93-89563-02-3
Poetry Collection

प्रथम संस्करण 2019

मूल्य : ₹ 199

जयंत प्रिन्टरी एलएलपी, मुंबई-2 में मुद्रित

वाणी प्रकाशन का लोगो मक़बूल फ़िदा हुसेन की कूची से

दूसरे संस्करण पर :

मुहल्ले की आयरन-बालाओं के नाम

एक नन्ही-सी धोबिन (चिरैया)

(गुरु धोबी सिख कापरा
साबुन सिरजनहार)

दुनिया के तुड़े-मुड़े सपनों पर, देखो—
कैसे वह चला रही है
लाल, गरम इस्तिरी!
जब इस शहर में नयी आयी थी—
लगता था, ढूँढ़ रही है भाषा ऐसी
जिससे मिट जायेंगी सब सलवटें दुनिया की!
ठेले पर लिए आयरन घूमा करती थी
चुपचाप
सारे मुहल्ले में!
आती वो चार बजे
जब सूरज
हाथ बाँधकर
टेक लेता सर
अपनी जंगाई हुई सी
उस रिवॉल्विंग कुर्सी पर
और धूप लगने लगती
एक इत्ता-सा फुँदना—
लड़की की लम्बी परान्दी का।
कई बरस
हमारी भाषा के मलबे में ढूँढ़ा—
उसके मतलब का

कोई शब्द नहीं मिला
चुपचाप सोचती रही देर तक,
लगा उसे–
इस्तिरी का यह
अधसुलगा कोयला ही हो शायद
शब्द उसके काम का!
जिसको वह नील में डुबाकर लिखती है
नम्बर कपड़ों के–
वही फिटकिरी उसकी भाषा का नमक बनी।
लेकर उजास और ख़ुशबू
मुल्तानी मिट्टी और साबुन की बट्टी से,
मज़बूती पाटे से,
धार और विस्तार
अलगनी से
उसने
एक नयी भाषा गढ़ी।
धो रही है
देखो, कैसे लगन और जतन से
दुनिया के सब दाग-धब्बे!
इसके उस ठेले पर
पड़ी हुई गठरी है
पृथ्वी!

प्राक्कथन

बचपन में कवि-पिता, श्यामनन्दन किशोर के साथ कविता की 'अन्त्याक्षरी' और 'समस्यापूर्ति' खेलते हुए जो काव्य-यात्रा आरम्भ हुई, उसने चीज़ों को गौर से देखना और ध्यान से सुनना निश्चित ही सिखाया! तब से अब तक कविता का परिदृश्य काफ़ी बदला है! आई.टी. प्रोफ़ेशनल की लय में कविता-प्रोफ़ेशनल बढ़े हैं! पूरे वर्ष में अनगिनत काव्य-पाठ हर संस्था कराती है! विदेशों में रचनात्मक लेखन की जो कक्षाएँ लगती हैं, उनमें सबसे ज़्यादा प्रत्याशी काव्य-लेखन की ओर उन्मुख होते हैं! हालाँकि कविता नाम की यह विधा स्वयं 'प्रतियोगिता' के परे जाकर 'सहकारिता' में रमने की बात कहती है (नाटक से संलाप, कथा से कथानक, संगीत से लय, चित्रकला से बिम्ब लेकर बढ़ता है इसका शिल्प), फिर भी हज़ार 'काव्य प्रतियोगिताएँ' आयोजित होती ही रहती हैं। 'इण्टरनेट' जब से हवाई फायर के गुरिल्ला बेस की तरह विकसित हुआ है, रात-बिरात 'वॉट्सऐप' समूहों पर कविताएँ कुरुलिया चिड़िया-सी लगती हैं चूँ-चूँ करने! देशी-विदेशी कविताओं के अच्छे अनुवाद जो 'इण्टरनेट' पर सहज उपलब्ध हैं, उससे नये कवि भरपूर गपशप करते हैं जिससे काव्य-भाषा गहरे अर्थों में अन्तःपाठीय हुई है—चटक, शोख, चुटीली!

मेरे पुराने संकलनों से भी कुछ कविताएँ अन्तर्जाल पर और रागबेत संकलनों में उपलब्ध हैं, पर ज़्यादातर संकलन बाज़ार गें उपलब्ध नहीं, इसका उलाहना समय-समय पर शोधार्थियों और नये पाठकों से मिलता रहा जिन्हें पुस्तकालयों से या मेरे पास बची इकलौती प्रतियों के फ़ोटोस्टेट से एक लम्बे समय तक काम चलाना पड़ता! उन्हीं के स्नेहादेश पर नये कलेवर में वाणी प्रकाशन इन्हें पुनर्मुद्रित कर रहा है, इसका आभार!

मेरा पहले दोनों संग्रह 'शीतल स्पर्श एक धूप को' और 'गलत पते की चिट्ठी' क्रमशः 1975 और 1978 में विहार ग्रंथ कुटीर से छपे थे। मेरे स्कूल की डायरी से उतारकर माता-पिता ने सहज स्नेहवश वे कविताएं निकालकर 'एक कस्बाई लड़की की डायरी' बनी है। 'समय

के शहर में' 1990 में छपा था, 'बीजाक्षर' 1993 में, 'अनुष्टुप्' 1998 में, 'कविता में औरत' 2005 में, 'दूब-धान' 2007 में ।

मैं मुजफ़्फ़रपुर से उच्च शिक्षा के लिए दिल्ली विश्वविद्यालय 1982 में आयी। 1982 से 1998 तक के मेरे ये वर्ष इतने नये तरह के अनुभवों के कपाट मेरे सामने धकाधक खोलते चले गये कि मैं दंग। इसी बीच पिता का साया भी सर से उठ गया। मात्र इक्यावन साल के परमस्नेही और हँसमुख पिता ये कहकर गये कि मृत्यु का मातम क्या मनाना, उसी तिथि पर 'गुड़िया' की शादी कर देना जिस पर मैं तय कर गया हूँ... और महीने-भर के भीतर शादी कर भी दी गयी! लम्बे समय तक तो मैं अवाक् ही रही। उसके बाद धीरे-धीरे जो कविताएँ फूटीं—उनका छन्द नयी माँ के दूध की धार का ही छन्द था! देखते-ही-देखते वात्सल्य मेरे जीवन का स्थायी भाव बन गया! नयी माँ और नयी कॉलेज-टीचर की आँखों से जीवन-जगत् की जो विडम्बनाएँ पढ़ीं, उनका ही सजग साक्ष्य वहन करते हैं ये आगे के सारे संग्रह!

अपने 'समकाल' की पड़ताल करने चलूँ तो कुछ साझा लक्षण सामने आते हैं। मेरी पीढ़ी के अन्य कवियों से मेरा संवाद धीरे-धीरे ही बना और नब्बे के आस-पास ही। सोवियत संघ के विघटन के अवाक् दिनों में।

—अनामिका

कविता में औरत

औरतों का एल सी एम

गिने-चुने प्रतिनिधि महिला चरित्रों के विकास का हवाला देकर यह जताने की कोशिश नहीं की जानी चाहिए कि स्त्रियाँ अब तो हाशिए पर नहीं रहीं। अगर गायत्री स्पिवैक कहती हैं कि जब सबऑल्टर्न अपनी स्वतन्त्र वाणी विकसित कर लेते हैं, तब वे सबऑल्टर्न रहते ही नहीं, तो उनके कहने का अभिप्राय यह कदापि नहीं लगाना चाहिए कि सबऑल्टर्न का तो मुँह खोलना ही पर्याप्त होता है—उसने मुँह खोला नहीं कि किसी दैवी शक्ति से उसकी सारी समस्याएँ धड़ाधड़ सुलझते जाने की प्रक्रिया प्रारम्भ हुई। 'मुँह खोलने' और 'समस्या सुलझने की प्रक्रिया प्रारम्भ होने' के बीच कितनी खाइयाँ होती हैं—यह समझना कोई बहुत कठिन नहीं। फिर समस्याओं के निराकरण का कोई *अन्तिम बिन्दु* होता हो—ऐसा भी नहीं है। समस्याएँ रक्तबीज की तरह नये-नये वेश में लगातार उठती, निरस्त होती रहती हैं। उठने-निरस्त होने की प्रक्रिया चूँकि अनन्त हैं, यह एक ऐसी लड़ाई है जो शुरू तो होती है, ख़त्म नहीं होती।

स्त्री-समाज एक ऐसा समाज है जो वर्ग, नस्ल, राष्ट्र आदि संकुचित सीमाओं के पार जाता है, और जहाँ कहीं दमन है—चाहे जिस वर्ग, जिस नस्ल की स्त्री त्रस्त है—वह उसे अपने परचम के नीचे लेता है। तकलीफ़ें मिल-बाँटने का घरेलू तरीका अन्तर्राष्ट्रीय क्षितिज पर ऐसा सफल होगा, किसने सोचा था। एक-दूसरी की जुएँ चुनती हुई, साथ कपड़े पछीटती हुई, धूप में झुण्ड बनाकर सिलाई-बुनाई करती हुई औरतें एक-दूसरी को जो दुःख-सुख सहज-अकुण्ठ भाव से सुना लेती थीं—वे ही औरतें अपनी तकलीफ़ों का एल सी एम निकालकर अन्तर्राष्ट्रीय स्तर पर उनके निराकरण की माँग रख रही हैं—यह निश्चय ही एक बड़ी उपलब्धि है।

लोग दूर जा रहे हैं—
हर कोई हर किसी से दूर—
लोग दूर जा रहे हैं
और बढ़ रहा है
मेरे आस-पास का 'स्पेस'।

इस 'स्पेस' का अनुवाद
'विस्तार' नहीं, 'अन्तरिक्ष' करूँगी मैं,
क्योंकि इसमें मैंने
उड़नतश्तरी छोड़ रखी है।

–अनामिका

अनुक्रम

मौसम बदलने की आहट

बहुत दिनों से मैं इस प्रश्न पर सोच रही थी कि क्या है हमारे समय की सिग्नेचर ट्यून। एक दिन अचानक दो बच्चों की आपसी बातचीत का एक टुकड़ा मेरे कानों में पड़ा। बातचीत में एक वाक्य डॉल्फिन मछली की तरह थूथन उठाये खड़ा था : “Well, it’s your problem”। एक मिनट को लगा, यही तो नहीं है हमारे समय की सिग्नेचर ट्यून—यही अलगाववादी नज़रिया जो बच्चों की सोच में भी प्रवेश पा गया है। किताबों में जैसे धूल घुस आती है, वैसे ही वे किरकिरे आप्त वाक्य बच्चों की सोच में भी प्रवेश कर गये हैं।

बच्चे तो फिर भी बच्चे हैं, पर हम, हम जो कि ‘स्रवन समीप भये सित केसा’ की स्थिति से गुज़र रहे हैं, दुनिया की इतनी ऊँच-नीच देखी है हमने—हम भला किस मुँह से अस्मिता-आन्दोलनों को “Well, it's your problem” भाव से टकरा देते हैं? हमें क्यों याद नहीं आता कि इस दुनिया में किसी की समस्या सिर्फ़ उसी की नहीं होती। ख़ासकर आज का जो हमारा तीसरी दुनिया का समाज है—उसमें अस्मिताओं का ऐसा जटिल अन्तर्गुम्फन मंचित हुआ है कि किसी एक धागे की यह हैसियत कहाँ कि वह दूसरे से कह पाये—“Well, it’s your problem” शहराती औरतें गाँववालियों से यह कहकर नहीं निकल सकतीं, सवर्ण अवर्ण से, कोठीवालियाँ कोठेवालियों से या झुग्गीवालियों से, अमरीकी औरतें तीसरी दुनिया की औरतों से।

अगर मेरी कोई लैंगिक अस्मिता है तो चाहते-न चाहते मेरी एक जातीय-वर्गीय अस्मिता भी है जो पॉलिथिन के खोल की तरह मेरी जान को लगी है। अगर कभी आपने किसी अस्पताल के बर्न्स वॉर्ड में 20 प्रतिशत बर्न का केस देखा हो तो आप मेरी बात समझ सकेंगे—पिघली हुई नाइलॉन की साड़ी जैसे चमड़ी से सट जाती है—मेरी लैंगिक पहचान, मेरी जातीय या वर्गीय अस्मिता मेरी चमड़ी से ऐसे आ सटी है कि लगता है—अब तो ये मेरी जान के साथ ही जायेगी। यह तो हम सभी जानते हैं कि अन्तिम विस्फोट के पहले और वैसे भी—परमाणु के भीतर न्यूट्रॉन, प्रोट्रॉन, इलेक्ट्रॉन आदि कई कणिकाएँ अभंग भाव से नाचा करती हैं। कुछ इसी भाव से स्त्रियों की लैंगिक अस्मिता के भीतर एक कॉस्मिक नाच नाचा करती हैं उनकी वर्गीय, क्षेत्रीय,

जातीय, धार्मिक और राजनीतिक अस्मिताएँ। और इसी विशाल कॉस्मिक नृत्य का प्रतिबिम्बन है उनका रचना-संसार।

वैयक्तिक यातनाओं का सामाजिक सन्दर्भन उनके प्रतिकार का एक आजमाया हुआ अस्त्र है। तकलीफ़ ख़तरनाक चीज़ होती है। उससे यह उम्मीद नहीं करनी चाहिए कि वह अनन्त काल तक अँधेरे कोनों में मुँह लपेटे पड़ी रहेगी। न्यूटन ने गति का जो तीसरा नियम दिया, वह प्रगति पर भी उतना ही लागू है, जितना सामान्य गति पर। आदमी का स्प्रिंग-तत्त्व उसे एक सीमा के बाद दबने नहीं देता; और जितनी ज़ोर से स्प्रिंग दबता है, उतनी ज़ोर से उछलता भी है। पर स्त्रीवाद को उछल-कूद के निरे प्रतिक्रियावाद से जोड़कर देखना भी एक गहन राजनीतिक षड्यन्त्र है, जिससे हम आज तक उबर नहीं पाये। जिन मुद्दों पर बहुत बहस हो चुकी हो और जिनके बारे में हर व्यक्ति एक अलग राय रखता हो, उनके बारे में नये सिरे से बात करना आसान नहीं होता। ऋग्वेद के आचार्य यह समझते होंगे, तभी उन्होंने 'मूल क्या है' बताने से पहले 'मूल क्या नहीं है' बताने की ख़ूबसूरत परम्परा शुरू की। 'क्या नहीं था' ही 'क्या था' तक पहुँचने की राह बना : 'नासदासीन्नो सदासीत्तदानी नासीद्रजो नो व्योमा परोयत्। किमावरीयः कुह कस्य शर्मन्नम्भः किमासीदहनंगम्भीरम्' आदि (असत् नहीं था, सत् भी नहीं था; रज नहीं था, न ही उसके पार का आकाश था। क्या ऊँचा और क्या नीचा था? गहन-गम्भीर पानी कहाँ था? और ब्रह्माण्ड कहाँ था? मृत्यु नहीं थी; अमरत्व भी नहीं था; न तो रात का कोई चिह्न था, न दिन का। अपनी आन्तरिक शक्ति से परमेश्वर ने वायुहीन निःश्वास लिया, उससे परे और कुछ भी नहीं था, आदि)। इसी सृष्टि सूक्त से प्रेरणा लेकर 'स्त्री आन्दोलन की मूल मान्यताएँ और आदर्श क्या है' पर आने के पहले मैं, इसके बारे में जो बद्धमूल भ्रान्तियाँ फैली हैं या फैलाई गयी हैं, उनकी चर्चा करना चाहूँगी। 'यह क्या है' के पहले 'यह क्या नहीं है।'—'चुनने' के पहले 'फटकना'—यही हमें सिखाया भी तो गया है। इस क्रम में सबसे पहले यह कि—

- स्त्री आन्दोलन, प्रतिशोध-पीड़ित नहीं है। ड्रैकुला जिन स्त्रियों का ख़ून पीता था, वे स्त्रियाँ जब ड्रैकुला बनती थीं तो वे ड्रैकुला से ज़्यादा खूँखार हो जाती थीं। स्त्री की अगाध शक्ति के प्रति पुरुषों का यह प्रच्छन्न भय ही 'माया महाठगिनी' आदि सारे गढ़न्त रचता रहा है, पर अब समय आ गया है कि अच्छी तरह समझ लिया जाये—स्त्री-आन्दोलन की समर्थक मानवियाँ हैं, मादा ड्रैकुलाएँ नहीं! इन्हें न्याय चाहिए पर वे जानती हैं कि अन्याय का प्रतिकार अन्याय नहीं है, एक दमन-चक्र का जवाब दूसरा दमन-चक्र नहीं।
- स्त्री-आन्दोलन की समर्थक स्त्रियाँ पुरुष नहीं बनना चाहतीं। ब्रा-बर्निंग आदि एकाध आवेशमूलक घटनाओं के साक्ष्य से यह नहीं समझना चाहिए कि ये स्त्रियाँ अपनी विशिष्ट दैहिक, मानसिक और भाषिक संरचना पर गर्व नहीं करतीं।

जो प्राकृतिक विशिष्टताएँ हैं, शर्मनाक वे नहीं, शर्मनाक आरोपित सामाजिक मानदण्ड हैं जो दोहरे हैं और जिन पर पुनर्विचार होना ही चाहिए ताकि विकास के अवसर सबको समान मिल सकें।

- स्त्री-आन्दोलन पितृसत्तात्मक समाज में पल रहे स्त्री-सम्बन्धी पूर्वग्रहों से पुरुषों की क्रमिक मुक्ति असम्भव नहीं मानता। दोषी पुरुष नहीं, वह पितृसत्तात्मक व्यवस्था है जो जन्म से लेकर मृत्यु तक पुरुषों को लगातार एक ही पाठ पढ़ाती है कि स्त्रियाँ उनसे हीनतर हैं, उनके भोग का साधन-मात्र। आन्दोलन की सार्थकता इसमें है कि वहाँ-वहाँ उँगली रखे जहाँ-जहाँ मानदण्ड दोहरे हैं; विरूपण, प्रक्षेपण, विलोपन (डिस्टॉर्शन, प्रोजेक्शन, एबोलिशन) के तिहरे षड्यन्त्र स्त्री के ख़िलाफ़ लगातार कारगर हैं जिनसे निस्तार मिलना ही चाहिए और सारा संघर्ष इसी बात का है।
- स्त्री-आन्दोलन धनी महिलाओं का कोरा वाग्विलास और 'न्यूज़ में बने रहने' की उनकी साज़िश नहीं है। ग्रासरूट स्तर तक इसका विस्तार है और हर वर्ग, हर नस्ल तक सार्वभौम भगिनीवाद (यूनिवर्सल सिस्टरहुड) का मूलमन्त्र पहुँचाने में यह सफल भी हुआ है क्योंकि वर्ग, नस्ल या देश कोई भी हो, स्त्रियों की भावनात्मक, मनोवैज्ञानिक, नैतिक, भाषिक और अस्मिता-सम्बन्धी समस्याएँ प्रायः एक-सी है जिन्हें फ्रेंच मनोवैज्ञानिकों ने बख़ूबी समझा है। स्त्रियों का यह आपसी सखा-भाव ही सामान्य संकटों की उस उदात्त साझेदारी का नाम है जिसे स्त्री-आन्दोलन कहते हैं और जिसकी मूल प्रपत्तियाँ ये हैं–

1. व्यक्ति-सत्य ही समष्टि-सत्य है, इसलिए 'पर्सनल इज़ पॉलिटिकल'।

2. 'समता, स्वतन्त्रता और भाईचारा'–ये सारे प्रजातान्त्रिक मूल्य स्त्रियों की दृष्टि से नये मूल्यांकन की अपेक्षा रखते हैं।

3. सारे आर्ष-ग्रन्थ, क्लैसिक्स, रीति-रिवाज, शास्त्रीय और लोक-कला के स्तम्भ, साहित्य, दर्शन, इतिहास, मिथक, अर्थशास्त्र, यहाँ तक कि भूगोल आदि की वे मान्यताएँ भी–जो स्त्री के शोषण को प्रकृति/पर्यावरण-दोहन के समकक्ष देखती हैं और बहुत कारगर ढंग से–नये मूल्यांकन की अपेक्षा रखती हैं।

4. विज्ञान, नृशास्त्र और मनोविज्ञान-सम्बन्धी नये अन्वेषण जो तथ्य सामने रखते हैं, उनसे स्त्री-आन्दोलन को बहुत बल मिलता है। इनमें कुछ महत्त्वपूर्ण तथ्यों की चर्चा यहाँ समीचीन होगी–

स्त्रियों की अपनी स्वतन्त्र यौन-इयत्ता है जो किसी 'कैस्ट्रेशन कॉम्प्लेक्स' से पीड़ित नहीं और यौन-सुख के लिए पुरुषों की मुखापेक्षी भी नहीं। क्लाइटोरिस नामक इनका अंग-विशेष बहुत-सारे ऐसे स्नायुतन्त्रों की सिद्ध-पीठिका है जो इसे शिश्न से भी अधिक संवेदनशील और तृप्तिमुखी बनाती है। इसलिए यह मानना कि स्त्री सिर्फ़ 'पैसिव पार्टनर' और 'लदा हुआ गर्भ' है–सिरे से गलत है। यौन-सुख हो,

सत्ता-सुख हो, किसी नैतिक-आध्यात्मिक तृप्ति का बिन्दु हो—स्त्रियों का पुरुषों पर अवलम्बन बस उतना ही है, जितना पुरुषों का स्त्रियों पर। पर दोनों अलग-अलग भी अपने आपमें पूर्ण और आत्मनिर्भर रहें—यह असम्भव नहीं। पूरा 'लेस्बियन कल्ट' इसका ज्वलन्त उदाहरण है। यहाँ यह स्पष्ट कर देना भी बहुत ज़रूरी होगा कि 'लेस्बियनिज़्म' अपने मूल अर्थ में दैहिक तादात्म्य से कहीं ऊपर की चीज़ है। एण्ड्रीन रिच इसे 'लेस्बियन कॉन्टिन्यूअम' (सखी-भाव परिविस्तार) के रूप में देखती हुई इसका सम्बन्ध विश्व-भर की महिलाओं के अन्तश्चेतनागत साहचर्य से जोड़ती हैं और मानती हैं कि विश्व-भर में उनकी समस्याएँ प्रायः एक-सी हैं—बलात्कार और अन्य तरह के यौन-शोषण, गृहकार्यादि में पुरुषों की साझेदारी का अभाव, कामकाजी महिलाओं के सन्दर्भ में उत्कृष्ट क्रेश और डे-केयर सेंटर आदि का अभाव, पैतृक सम्पत्ति, मैट्रिमोनियल सम्पत्ति, एलिमनी आदि के सन्दर्भ में व्यावहारिक अड़चनें, विवाह-विच्छेद के बाद चाहकर भी गोदी के बाहर के बच्चों को साथ न रख पाने की कानूनी विवशता आदि।

यदि हाल-फिलहाल 'बायोइंजीनियरिंग' में हुए शोधों का साक्ष्य लें और उन्हें प्रामाणिक मानें तो कहना होगा कि पुरुषों का 'वाई फैक्टर' उन्हें स्वभाव से उग्र, दुर्दम्य और विध्वंसक बनाता है। स्त्रियों में यह होता ही नहीं, इसलिए वे स्वभावतः शान्तिप्रिय, स्नेही, कोमल और उच्च मानवीय गुणसम्पन्न होती हैं। ये उच्च मानवीय गुण पुरुषों में ज़्यादातर सतत प्रशिक्षण से पैदा होते हैं, और स्त्री-आन्दोलन इस प्रशिक्षण की बड़ी भूमिका अदा कर सकता है, क्योंकि उत्तर-संरचनावादी आलोचकों की तरह यह भी मानता है कि चेतना कोई ठोस या ठस्स वस्तु नहीं, एक सतत प्रवहमान इकाई है, जहाँ अस्मिताएँ लगातार बदलती रह सकती हैं, इसलिए परकायाप्रवेश या दूसरे की दृष्टि से स्वयं को देखना और अपना दृष्टिकोण मार्जित करना असम्भव नहीं।

स्त्रीवादी समीक्षा पर यह आरोप बार-बार लगाया जाता है कि यह अनुभवमूलक है, प्रपत्तिमूलक नहीं, इसलिए न इसकी शोध-प्रविधि तय है, न शोध की दिशाएँ। इसका उत्तर स्पष्ट है : प्रपत्तियाँ आकाश से नहीं टपकतीं; अनुभूतियाँ ही बीन-फटककर प्रपत्तियों के रूप में सजा ली जाती हैं। स्त्रीवादी समीक्षा का एक बड़ा अवदान यह है कि वैयक्तिक अनुभूतियों का सामाजिक सन्दर्भन इसने सम्भव बनाया और बताया कि जिसे स्त्रियाँ वैयक्तिक विफलता मानकर घुटती रहती थीं, उस 'असमंजन' और 'असमंजस' का मूल उस पूर्वग्रहग्रस्त पितृसत्तात्मक समाज में है जिसके शिकार पुरुष भी हैं, क्योंकि दरअसल यह स्त्री और पुरुष—दोनों का सम्यक् विकास अवरुद्ध करता है, दोनों का जीवन विषाक्त करता है; एक को भेड़ और दूसरे को भेड़िया बना डालता है तो दोनों ही मानवीय गरिमा से नीचे गिरते हैं। इसलिए 'ऐक्शनबेस्ड रिसर्च' का नारा दिया गया और 'जेंडर-सेंसिटाइजेशन' की ज़रूरत दोनों के लिए

उतनी ही ज़रूरी समझी गयी। इस सन्दर्भ में और भी जो बीज-मान्यताएँ उभरीं, उनकी सूची प्रस्तुत कर देना आवश्यक है–

पहली बात की गयी 'फेमिनिस्ट ऑन्टोलॉजी' की, जिसका अर्थ है स्त्री के अनुभूतिमण्डल के आलोक में घटनाओं का विश्लेषण; पुरुषों में स्त्री का नज़रिया विकसित कर उसे अर्द्धनारीश्वर की गरिमा देना।

ग्लैसर और स्ट्रॉस (1967) ने इस प्रसंग में 'गुणमूलक' के स्थान पर 'परिमाणमूलक' डाटा-बेस का सहारा लेते हुए यह आधारभूत प्रपत्ति सामने रखने की बात की कि एक सार्थक जीवन के लिए किसी भी व्यक्ति में वे सारे गुणसमूह–जिनका प्रतिनिधित्व स्त्रियों के सिर आता है (ममता, प्रेम, सहिष्णुता, उदारता, क्षमा)–उतने ही ज़रूरी हैं जितने वे गुणसमूह जिनका प्रतिनिधित्व करते हुए पुरुष दिखाये जाते हैं (वीरता, शौर्य, नियन्त्रण, न्याय, दमन, तटस्थता)। व्यक्तित्व के सम्यक् विकास के लिए किसी को किसी पर तरजीह नहीं दी जा सकती।

बीज-रूप में ये सारे गुण स्त्री-पुरुष–दोनों में विद्यमान होते हैं। सामाजिक, सांस्कृतिक और साहित्यिक गढ़न्त कुछ ऐसे हैं कि पुरुषों में ख़ास तरह के गुण, और स्त्रियों में किसी और तरह के गुण आदर्श बताये जाते हैं। 'मर्दाना स्त्री' और 'स्त्रैण पुरुष' गालियों के रूप में विकसित कर ली गयी अवधारणाएँ हैं। किसी को भी यह सुनकर हँसी इसलिए आ जाती है क्योंकि अक्सर उग्र प्रतिक्रियावाद के दबाव में होता यह है कि स्त्रियाँ 'पुरुषसम्मत' गुण विकसित करती-करती 'स्त्रीसम्मत' गुणों को ताक पर रख देती हैं, और पुरुष 'स्त्रीसम्मत' गुण विकसित करते-करते पुरुषसम्मत गुणों को पिटारे में बन्द कर देते हैं। ज़रूरत तो दोनों तरह के मूल्यों की होती है; एक गुणसमूह विकसित करने का अर्थ यह नहीं है कि दूसरे को धता ही बता दी जाये। आदर्श 'ऐंड्रोजेनेस' व्यक्तित्व दोनों तरह के गुणों का सार ग्रहण करते हैं। अर्द्धनारीश्वर की भारतीय अवधारणा के पीछे भी यही मान्यता होगी।

1970 के बाद 'सेक्स' और 'जेंडर' के बीच यह विवाद एक नयी दिशा पा गया है। 'सेक्स' जीवविज्ञानपोषित होता है, 'जेंडर' सामाजिक विग्रह–जब तब यह माना जाता रहा, यौन-घेराबन्दी दूर करने के एक उपाय के रूप में 'एंड्रोजेनी' का यह सिद्धान्त पल्लवित-पुष्पित होता रहा, पर बाद में इसको चुनौती देने वाले कुछ वैज्ञानिक/जीववैज्ञानिक तथ्य भी सामने आये जिन्होंने स्त्रियों की नैतिक विलक्षणता स्थापित की और इनके आलोक में एक नये लेस्बियन कल्ट की बात चलाई।

जिसे फ्रायड 'आत्मसजगता' कहते हैं, वह स्त्रीवाद की एक ख़ास रणनीति है। 'ऐक्शनबेस्ड रिसर्च' का मूलमन्त्र इसी से निकला है जिसके तहत यथास्थितिवाद से निबटने की ख़ातिर अकादमिक विमर्शकर्ताओं और आन्दोलनकर्ताओं के बीच की दूरी पाटनी होगी। विमर्शकर्ताओं को ऐक्टिविस्ट भी होना होगा, ऐक्टिविस्ट विमर्शकर्ता

हों न हों। जब तक 'आत्मस्थ' होकर चीज़ें देखी-सुनी-परखी न जायें, तब तक न आन्दोलन प्रामाणिक होता है और न विमर्श।

जिसे हिसेनबर्ग सिद्धान्त, हॉथॉर्न प्रभाव, आर्टिफैक्ट प्रभाव, रेस्पांस रिऐक्टिविटी या आर्टिफिशिएलिटी के दोष कहते हैं, उनसे पूर्ण विमुक्ति सम्भव नहीं, पर समाजशास्त्रीय शोधप्रणाली में 'बहुलतावाद' नाम का जो विकट अन्तर आया है, वह स्त्रीवादी विमर्शों के लिए भी बहुत उपयोगी सिद्ध हुआ है। संघटनवादी, नस्ल वैज्ञानिक अन्तःक्रियात्मक संघात अपने पूर्ण वैभव में तभी सम्भव है जब सभी शास्त्रों के पूर्वापर अनुभवों का लाभ उठाकर ये आगे बढ़ें।

गिने-चुने प्रतिनिधि महिला चरित्रों के विकास का हवाला देकर यह जताने की कोशिश नहीं की जानी चाहिए कि स्त्रियाँ अब तो हाशिए पर नहीं रहीं। अगर गायत्री स्पिवैक कहती हैं कि जब सबऑल्टर्न अपनी स्वतन्त्र वाणी विकसित कर लेते हैं, तब वे सबऑल्टर्न रहते ही नहीं, तो उनके कहने का अभिप्राय यह कदापि नहीं लगाना चाहिए कि सबऑल्टर्न का तो मुँह खोलना ही पर्याप्त होता है—उसने मुँह खोला नहीं कि किसी दैवी शक्ति से उसकी सारी समस्याएँ धड़ाधड़ सुलझते जाने की प्रक्रिया प्रारम्भ हुई। 'मुँह खोलने' और 'समस्या सुलझने की प्रक्रिया प्रारम्भ होने' के बीच कितनी खाइयाँ होती हैं—यह समझना कोई बहुत कठिन नहीं। फिर समस्याओं के निराकरण का कोई 'अन्तिम बिन्दु' होता हो—ऐसा भी नहीं है। समस्याएँ रक्तबीज की तरह नये-नये वेश में लगातार उठती, निरस्त होती रहती हैं। उठने-निरस्त होने की प्रक्रिया चूँकि अनन्त हैं, यह एक ऐसी लड़ाई है जो शुरू तो होती है, कभी ख़त्म नहीं होती।

स्त्री-समाज एक ऐसा समाज है जो वर्ग, नस्ल, राष्ट्र आदि संकुचित सीमाओं के पार जाता है, और जहाँ कहीं दमन है—चाहे जिस वर्ग, जिस नस्ल की स्त्री त्रस्त है—वह उसे अपने परचम के नीचे लेता है। तकलीफ़ें मिल-बाँटने का घरेलू तरीका अन्तर्राष्ट्रीय क्षितिज पर ऐसा सफल होगा, किसने सोचा था। एक-दूसरी की जुँएँ चुनती हुई, साथ कपड़े पछीटती हुई, धूप में झुण्ड बनाकर सिलाई-बुनाई करती हुई औरतें एक-दूसरी को जो दुःख-सुख सहज-अकुण्ठ भाव से सुना लेती थीं—वे ही औरतें अपनी तकलीफ़ों का एल. सी. एम. निकालकर अन्तर्राष्ट्रीय स्तर पर उनके निराकरण की माँग रख रही हैं—यह निश्चय ही एक बड़ी उपलब्धि है।

कम से कम तीसरी दुनिया के देशों में मुख्य टार्गेट-ग्रुप निम्नवर्गीय, निम्नमध्यवर्गीय स्त्रियाँ हैं जिनकी वोट आदि के सन्दर्भ में भी अपनी निजी राय नहीं होती और जिनके पातिव्रत्य की हज़ार मिसालों में एक मिसाल है कि वोट भी वे पति के निर्देशों के अनुसार ही डालती हैं और आरक्षण आदि के प्रताप से यदि कहीं मुखिया या सरपंच चुनी भी गयीं तो उनके सारे निर्णय पति-परमेश्वर ही लेते हैं।

पानी जो पत्थर के भीतर जाता है

किसी भी 'वाद' से कोई भी 'साहित्य' वैसा ही सम्बन्ध रखता है जैसा कि अच्छा मकान-मालिक युवा किरायेदार से। यह रूपक थोड़ा खींचने की धृष्टता की जाये तो कहा जायेगा—'हिन्दी साहित्य' का 'स्त्रीवाद' से रिश्ता भी वैसा ही है जैसा 'अच्छे मकान मालिक' का शहर में अकेली रहकर काम करने वाली स्त्री किरायेदार से—वह वैसे तो उसे भृकुटि चढ़ाकर देखता है, मगर सामने पड़ने पर आदाब बजाना नहीं भूलता।

स्त्रीवाद की मुख्य प्रपत्तियाँ संक्षेप में सामने रखकर मैं आऊँगी हिन्दी साहित्य पर कि बीसवीं शती के छठे दशक तक तो परोक्षतः और पिछले तीस-चालीस वर्षों में एकदम खुल्लमखुल्ला 'स्त्रीवाद' का उससे क्या गुल-गपाड़ा हुआ है।

स्त्रीवाद : मुख्य प्रपत्तियाँ : साहित्य की परिधि में

कुल मिलाकर देखा जाये तो 'जेंडर एक कंस्ट्रक्ट है' मानने वाला, हर तरह के मनोसामाजिक और भाषिक सिद्धान्त का सारवाद के ख़िलाफ़ विनियोग कर लेने वाला एक विभिन्न दर्शनग्राही, व्याख्यापरक साँचा है स्त्रीवाद जो विचार करता है (अ) कैनन के लिंग-पूर्वग्रह पर, (ब) स्त्री-केन्द्रित अनुभूतियों पर, (स) स्त्री-लेखन पर, (द) स्त्री को 'अन्य' तथा 'अपंग' घोषित करने वाली सामाजिक/राजनीतिक/भाषिक दुरभिसन्धियों पर और प्रस्तावित करता है कि:

(क) 'लेखक की मौत' वाली धारणा बेबुनियाद है, किसी विमर्श में उद्देश्य-स्थान पर रहने वालों की स्थिति हमेशा सुदृढ़ होती है और उसी की अनुभूति केन्द्रस्थ होती है। समय आ गया है कि स्त्रियाँ उद्देश्य-स्थान पर आकर 'महफिल उनकी, साकी उनका/आँखें अपनी, बाकी उनका' की बेचारगी से निकलें।

(ख) लिखना ही नहीं, पढ़ना भी एक राजनीतिक कर्म है, जिसमें आप ही आप चीज़ें छँटती चली जाती हैं और एक ख़ास तरह का मध्यावधि चुनाव भी होता चलता है।

(ग) औरतों की भाषा का एक अलग मिज़ाज है जिसे कैनन में प्रतिष्ठा मिलनी ही चाहिए। कैथरीन आर. सिम्पसन इसे बड़े कायदे से 'भाषा की उछाल और उल्लास' कहती हैं। पुरुष की 'लिबिडिनल इकोनॉमी' का बीज-शब्द है 'सम्पत्ति' और स्त्री की 'लिबिडिनल इकोनॉमी' का बीज-शब्द 'उपहार', एक ऐसा अवदान जिसका दाम वसूलने की कोशिश कभी की ही न जाये, इसलिए उसमें ऐसा बहुत कुछ संचित रह जाता है जिसे उच्छल अभिव्यक्ति की आवश्यकता होती है।

(घ) स्त्री-रचनाशीलता की मनोगतिकी, वैयक्तिक और समष्टिगत स्त्री-चेतना के प्रक्षेप-पथ और स्त्री लेखन की विशिष्टताओं का भी यथेष्ट विश्लेषण होना चाहिए।

(ङ) यह बात भी भूली नहीं जा सकती है कि कोई भी स्त्री सिर्फ़ स्त्री नहीं होती, उसका एक विशिष्ट वर्ग, नस्ल, राष्ट्र, परिवार, कबीला, समय और स्थान होता है, जिस पर अलग से विचार होना चाहिए।

स्त्रीवाद की अपनी सीमाएँ नहीं हैं—ऐसा नहीं है। 'किसी भी वाद' या मताग्रह की तरह इसकी भी अपनी सीमाएँ हैं। पहले चरण का स्त्रीवाद एक आखेटक-दृष्टि से परिचालित था—हाथ में धनुष-बाण लेकर साहित्यिक वन-कन्दराएँ घूम जाओ और जहाँ कोई स्त्री-विरोधी बात देखो—साध दो निशाना। 'श्याम' और 'श्वेत', 'इविल' और 'गुड', 'सत्' और 'असत्' में चीज़ों को बाँटकर देखने वाली यह ख़ासी सरल-सी, बड़ी भोली-भाली दृष्टि थी जो सतह के यथार्थ को ही अन्तिम यथार्थ मानती थी और मनोवैज्ञानिक यथार्थ को 'अमूर्तन' मानती हुई उसे ठेंगे पर रखती थी। कहने को कहा जा सकता है कि यह तो क़बीलाई दृष्टि थी, पर दोस्त-दुश्मन के दो खेमों में दुनिया को बाँटकर देखने वाली यह क़बीलाई मनोवृत्ति भी किसी आन्दोलन के पहले चरण में ज़रूरी ही होती है; हम यह भूल नहीं सकते।

दूसरे चरण का स्त्रीवाद आदर्श दीखने वाले प्रायोजित स्त्री-चरित्रों की भीड़-सी जुटा डालता है। यहाँ प्रश्न यह उठता है कि साहित्य सिर्फ़ पूर्वयोजित, आदर्श चरित्रों का 'उत्पादन' करने लगे तो क्या वह यथार्थ से दूर नहीं हो जायेगा? जब संसार कच्चे, अनगढ़, थोड़े कमज़ोर, थोड़े सप्राण चरित्रों से भरा है तो साहित्य अतिमानव/अतिमानवियाँ ही क्यों गढ़ता चला जाये? हाँ, लेखक की अपनी विश्वदृष्टि नायक और नायिका का आचार-विचार अपने 'आदर्श' के अनुसार ढाल सकती है, पर उन्हें भी जॉर्ज बर्नार्ड शॉ के चरित्रों जैसे 'कार्डबोर्ड' चरित्र बनने से तो बचाना होगा।

इस सन्दर्भ में एक समस्या प्रतिनिधित्व की भी आ जाती है। यदि स्त्री-लेखक या स्त्री-चरित्र आर्थिक और नैतिक दृष्टिकोण से काफ़ी समृद्ध हैं तो वे ऐसी स्त्रियों की प्रतिनिधि कैसे हैं जो अभी तक अपनी मुक्ति का मार्ग ही ढूँढ़ रही हैं? ... और यदि उन्होंने खुद अभी अपनी मुक्ति का मार्ग नहीं ढूँढ़ा—वे दूसरी स्त्रियों का आदर्श कैसे होंगी। रास्ता कहीं बीच से ही होकर जाता है, हालाँकि कहने वाले बुद्ध के 'मध्यम मार्ग' की धज्जियाँ उड़ाते कह गये हैं—'बीच का रास्ता नहीं होता।' आन्दोलन के पहले चरण के लिए तो सचमुच बीच का रास्ता नहीं होता, पर मध्यावधि अवस्था नरम-गरम—दोनों मिलाकर चलती है। 'दण्ड भेद' के बाद 'साम-दाम' ज़्यादा कारगर होता है।

तीसरे चरण के स्त्रीवाद में दैहिक संवेदना-प्रधान भाषा (सन्दर्भ : क्लाइटोरल हर्मेन्यूटिक्स) की बात उठाई जा रही है जिसमें एक अलग तरह के सारवाद के ख़तरे उभरते हैं। व्याकरण के सब नियम तोड़ने वाली भाषा कोयल की कूक, चिड़ियों के अबूझ कलरव में भी विघटित हो सकती है—एक ख़तरा यह भी था! रूथवेत जिसे स्त्रीवादी 'आतंक' कहते हैं, उसकी कुछ सीमाएँ अलग हैं।

यह मानते हुए हमें कोई गुरेज नहीं कि बहुत-सा स्त्री-लेखन कमज़ोर, कच्चे प्रतिक्रियावाद का नतीजा है, और यह भी कि 'एड्रोजेनी' प्रदत्त परकायाप्रवेश की बड़ी सिद्धि के कारण बाल्ज़ाक, टॉल्स्टाय, चेखव, शरत्चन्द्र और विश्व के अन्य

कई पुरुष-लेखकों ने भी स्त्री-चेतना का इतना सटीक वर्णन किया है कि उस पर अलग से चर्चा होनी चाहिए। पर स्त्रीवादी आग्रह से स्त्रियाँ जो अच्छा लिख रही हैं–हिन्दी साहित्य में उसका भी भण्डार प्रचुर है। स्पष्ट स्त्रीवाद आग्रह से न लिखी जाने वाली मीराबाई की रचनाएँ, थेरीगाथाएँ, लोकगीतादि भी स्त्री की अस्मिता और तेज-निर्धारण का महत्त्वपूर्ण आधार बिन्दु हो सकती हैं।

पग घुँघरू बाँध नाचते शब्द : व्यवस्था-विरोध का तेज़

वैसे तो संस्कृत, प्राकृत और अपभ्रंश साहित्य हिन्दी साहित्य की परिधि के बाहर पड़ता है, पर स्त्री-चेतना के विकास की दृष्टि से मीरा आदि बागी भक्त कवियों का सूत्र 'शक्ति-सूक्त', 'गाथा सप्तशती', और 'सुत्तपिटक' की थेरी गाथाओं में ढूँढ़ा जा सकता है। नारी-शक्ति की दृष्टि से 'शक्ति-सूक्त' आत्मविश्वास की पराकाष्ठा है और उसका सारांश कुछ यों बनता है : "जो अन्न खाते हैं, मेरी ही शक्ति से खाते हैं, जो देखते हैं, मेरी ही शक्ति से; जो साँस लेते हैं, कही हुई बात सुनते हैं–मेरी ही सहायता से, जो मुझे इस रूप में नहीं जानते, वे न जानने के कारण ही हीन दशा को प्राप्त होते हैं।"

'गाथा सप्तशती' में उल्लिखित अनेक कवियों में कम से कम तीन कवयित्रियाँ हैं–रेवा, ससिप्पहा और रोहा! 'सुत्त पिटक' के जो पाँच निकाय हैं–उनमें एक है खुद्दक निकाय! इसी खुद्दक निकाय के नवें भाग में 73 बौद्ध भिक्षुणिओं की थेरी गाथाओं का संकलन है। थेरी गाथाओं में संकलित थेरियाँ समाज की विभिन्न सरणियों से आयी थीं। इनमें सुमनार, जयन्ती, शैला, क्षेमा, गौतमी आदि राजकुमारियाँ थीं, अनुपमा, उत्थलवर्णा आदि श्रेष्ठि कन्याएँ तथा एक सिंह सेनापति की पुत्री थी। वेश्याओं के संवर्ग में विमला, अम्बपाली आदि थीं। निम्नवर्ग से आयी थेरियों में एक चापा बहेलिए की पुत्री थी, एक छाता बनाने वाले की पत्नी (सुमंगला माता) और एक पूर्णिका दासी। सुमंगला माता की पहचान आज तक अपने बेटे 'सुमंगल' के नाम से होती है। उसका पति उसे इतने त्रास देता था कि थेरी बनने पर उसने लिखा:

अहो मैं मुक्त नारी/मेरी मुक्ति धन्य है।
पहले मैं मूसल से धान कूटा करती,
आज उससे मुक्त हुई...
गया मेरा निर्लज्ज पति जो मुझे
उन छातों से भी तुच्छ समझता था जिन्हें वह
अपनी जीविका के लिए बनाता था।

थेरी गाथाओं के बाद चर्चा की जा सकती है कश्मीर से केरल तक मुक्ति का एक सन्देश बनकर फैले भक्ति-आन्दोलन के पुरोधाओं की, जिनमें प्रमुख हैं कश्मीर की लल्लदेद, मिथिला की चन्द्रकला, धुर दक्षिण की अण्डाल और अक्क महादेवी,

महाराष्ट्र की गोदा, महदंबा, जनाबाई और बहिनाबाई और राजस्थान की मीराबाई। सबके व्यक्तित्वों की अन्तर्धाराएँ कुछ ऐसी कि समर्पित हुईं तो पानी, विद्रोह किया तो लपट। एक ही साथ पानी और आग दोनों का समन्वय इन सबके व्यक्तित्वों का मूल तत्त्व है :

संतन ढिंग बैठि-बैठि लोकलाज खोयी
अब तो बेलि फैलि गयी कहा करै कोई।

'पग घुंघरू बाँध मीरा नाची रे' कहकर एक ओर तो 'विवाहित स्त्री की मर्यादा खिजियाती', दूसरी ओर 'राणा रूसै राज लेसी' में राज्य-सत्ता तक को ललकारती मीरा ने धर्म की सत्ता में पुरुष की प्रधानता पर भी प्रश्नचिह्न लगाये हैं। आत्म-सन्धान के पथ पर अनावश्यक लोक-लाज, भय-संकोच आदि के ख़िलाफ़ जो कॉस्मिक नाच मीरा 'पग घुंघरू बाँध' (यानी डंके की चोट पर) सदियों पहले नाची थीं—किन्हीं अर्थों में स्त्री-रचनाकार अभी भी नाच रही है। और स्त्री-भाषा का सतत घूर्णन इसका बड़ा प्रमाण है।

'दो अंगुल की प्रज्ञा वाली' स्त्री और हिन्दी का आधुनिक साहित्य

"जो स्थान ऋषियों द्वारा भी प्राप्त करना अत्यन्त कठिन है, उसे दो अंगुलमात्र प्रज्ञावाली स्त्री भी प्राप्त कर लेगी, यह कभी सम्भव नहीं है।" हज़ारों वर्ष पहले किसी थेर ने यह भविष्यवाणी की थी। उसके कहने का अर्थ था कि चावल पकाते समय पानी दो उँगलियों के पोरों तक जो नापा जाता है, उतनी ही परिधि है स्त्री-प्रज्ञा की! वर्जीनिया वुल्फ 'थ्री गिनीज' नामक अपने निबन्ध में स्त्री को बुद्धि से हीनतर प्रमाणित करने के फेर में हुए असंख्य निष्फल पुरुष प्रयत्नों का हवाला देती हैं और इस सन्दर्भ में बर्ट्रेंड रसेल ने जो टिप्पणी की है, उसे उद्धृत भी करती हैं : "कोई मन लगाना चाहे तो उसे यह सलाह दी जा सकती है कि प्रमुख पक्षी वैज्ञानिकों का आगा-पीछा जाँचें कि कितनी-कितनी कोशिशें उन्होंने कीं—दिमाग़ की नाप-जोख के आधार पर—यह सिद्ध करने की कि स्त्रियों में बुद्धि-तत्त्व पुरुषों से कमतर होता है।"

यह सब पढ़ें-सुनें और उसके बाद ध्यान दें स्त्री-चेतना को रेखांकित करने वाली प्रबुद्ध स्त्री-रचनाकारों की चुनी हुई कृतियों पर तो हँसी आयेगी और ख़ासी तकलीफ़ भी होगी। क्या-क्या झेलकर, कैसे-कैसे ज़हर पीकर स्त्रियाँ लिखने बैठती हैं और प्रतिशोध-पीड़ितों हुए बिना परिवेश चरित्रों और परिस्थितियों के गम्भीर पक्षों का कैसा मार्मिक रहस्योद्घाटन करती हैं—यह तो सजग पाठ-विश्लेषण से ही स्पष्ट हो सकता है।

उन्नीसवीं शताब्दी में स्त्री की सामाजिक स्थिति सुधारने वाले कई आन्दोलन सामने आये—पर्दा-प्रथा और सती-प्रथा का निषेध, विधवा-विवाह और स्त्री-शिक्षा को बढ़ावा—राजा राममोहन राय, विद्यासागर, मालबरी, राणाडे तथा वीरशालिंगम

आदि पुरुष स्त्रीवादियों का मुख्य उद्देश्य रहा। पर यह बात पानी की तरह साफ़ है कि सामाजिक स्थितियाँ कानूनी काग़ज़ पर सुधर भी जायें तो लोगों की, ख़ासकर मध्यवर्ग की मानसिकता बदलने में बहुत समय लग जाता है। उन्नीसवीं सदी की स्त्रीवादी कृतियों में जो यूटोपियन विजन और उसे चरितार्थ कर दिखाने का उत्साह प्रगल्भ भाव से टिमकता था, बीसवीं शती तक आते-आते स्त्रीवादी कृतियों का वह प्रकाश ज़ाहिर तौर पर धीमा पड़ जाता है। 'बनावट' और 'भाषा' के लिहाज़ से ज़्यादा सम्पुष्ट, कलात्मक दृष्टि से ज़्यादा चुस्त-दुरुस्त इन बाद की कृतियों का दर्शन है सतेज, महिमान्वित सहिष्णुता या 'डिग्निफायड सफ़रिंग!' चीज़ें तो जैसी हैं, कमोबेश वैसी ही रहेंगी, पर उन्हें नैतिक साहस, उदात्तता और शालीनता से हँसते-हँसते कुछ ऐसे भी झेला जा सकता है कि 'पददलित व्यक्ति' ही सामाजिक विद्रूपताओं से ऊपर उठा हुआ दीखे—व्यक्ति-सत्य समष्टि-सत्य से कहीं बड़ा बन जाये; यदि कोई रेखा छोटी करनी हो तो उसे बिना काटे उसके बगल में अपनी रेखा बड़ी खींच दो... आदि-आदि—यही कुछ दर्शन उभरता है बीसवीं सदी के पूर्वार्द्ध के स्त्रीवादी कथा-वितान का, जिसमें उल्लेखनीय हैं बंग महिला की अधिकांश रचनाएँ। महादेवी का गद्य—विशेषकर 'शृंखला की कड़ियाँ' इन्हीं के तेज़ का पुंजीभूत रूप है, अपने ढंग का पहला स्त्रीवादी दस्तावेज़। तत्कालीन स्त्री-कवियों का दर्शन भी कमोबेश यही था—वैयक्तिक उदात्तता का, पर्सनल ट्रांसेडेंस का। हारे को हरि नाम। समकालीन बालमणि अम्मा (ज. 1909), कुंतल कुमारी साबत (1900-1938), इन्दिरा सन्त (ज. 1914) की तरह महोदेवी वर्मा (ज. 1907) की कविताओं में भी एक गहरा एकान्त बोध है, जिसे अपने ढंग का एक प्रतिकार ही समझना चाहिए क्योंकि उसमें सामयिक और स्थानीय, इहलौकिक विदूषताओं से ऊपर उठने की वह कोशिश है जो हमें भक्त कवियों में मिलती है और लोक-कवियों में भी, कुल मिलाकर कहें तो—

(1) इतिहास, मिथक और आत्मकथा के सम्मिश्रण से विस्मृत सत्ता-स्पेस पुनर्सृजित करने का मूलमन्त्र जो स्त्री-रचनाकारों ने साधा है, उसी के आश्रय अलग-अलग सांस्कृतिक अस्मिताओं के बावजूद विश्व-भर की स्त्रियाँ भगिनीभाव से जुड़ी हैं।

(2) घर-गृहस्थी, नौकरी और बच्चों की तिहरी ज़िम्मेदारी और अधूरे, अतृप्त प्रेम के तनावों के बीच एक स्त्री जब दूसरी स्त्री का सम्बोधन बनती है—एक नये रस का परिपाक होता है—वात्सल्य, करुणा और शान्त—सब जिसमें अपने उदात्ततम रूप में समाविष्ट दीखते हैं! बच्चों में और दूसरी औरत में (माँ/मौसी/बुआ/पड़ोसिन/सहयात्रिणी/रूममेट/हॉस्टल मेट/क्लासमेट/बसमेट/एक परचून की दुकान से राशन ख़रीदने वाली सहक्रेता—तक में) एक औरत विश्वास, निष्ठा और सहानुभूति का परिविस्तार सहज ढूँढ़ लेती है। ये स्पन्दन कुछ ऐसे हैं जो उसे पुरुष के संसर्ग में बहुधा नहीं मिलते तो वह मीरा-महादेवी की-सी मनःस्थिति में आकाश-तत्व की ओर

मुड़ जाती है या लेस्बियन रचनाकारों की तरह आत्मनिर्भर घेरों के सन्धान में या फिर जीवन के जंजाल के बीच की एक प्रच्छन्न पारस्परिकता में।

(३) स्त्री-पुरुष सम्बन्धों में असमंजनजन्य अवसाद का स्वरूप भी कुछ तो ज़रूर बदला है, भाषा के तेवर भी बदले हैं—यह अधिक दोस्ताना और अनौपचारिक हुई है—नये-नये बिम्बों से अनुस्यूत। प्रेम, आनन्द और शान्ति की 'यूटोपिया' का क्लान्त अस्तित्ववादी सन्धान हाशिए पर चला गया है, अधिकार-हनन के विरुद्ध सधा व्यंग्य भी भाषा और स्थितियों के साथ एक आत्मविश्वास भरी छेड़छाड़ में तब्दील हो गया है।

आत्मान्वेषण का हर्ष कुछ इतना घना है कि श्रेष्ठ स्त्री रचनाकार भाषा से होली खेलती दीखती हैं। लोकगीतों की-सी परिहास-वृत्ति, एक महीन-सा ह्यूमर भी इधर की स्त्रीवादी रचनाओं की एक बड़ी उपलब्धि है। समर्थ लेखिकाएँ यह अच्छी तरह समझती हैं कि भावों की शुद्धता की रूमानी धारणा आदमी के दिमाग़ की क्लिष्ट बनावट के प्रतिकूल पड़ती है। प्रेम में पड़ा आदमी दिन-रात सिर्फ़ प्रेम के बारे में नहीं सोचता, सच्चे-से-सच्चे प्रेमी को भी कभी पैसे की चिन्ता सता सकती है, कभी दुनिया के अन्य क्रूर यथार्थों की—इसलिए उसकी मनःस्थिति का यथेष्ट चित्रण केन्द्रीय और अपकेन्द्रीय—दोनों संवेगों की बहुआयामी प्रस्तुति से ही सम्भव है। ख़ास तरह की क्रीड़ाधर्मिता जो अपने उद्देश्यों में उतनी अगम्भीर भी नहीं, सत्य को समग्रता में देखने की कोशिश ही है—यह स्त्री-रचनाकार बख़ूबी समझती हैं।

नया-पुराना—सब मिलाकर देखें तो लगेगा कि स्त्री-आन्दोलन के बहुत पहले से, विलक्षण स्त्रियों में तो बराबर यह अहसास बना रहा कि नून-तेल-लकड़ी के चक्र में उलझकर रह जाना आत्मा के परिवृत्त को संकुचित कर लेना है। लाख प्रतिकूलताओं के बीच भी इन विलक्षण स्त्रियों (स्त्री सूत्रकारों, भक्त कवियों, थेरी गाथाओं की रचयिताओं) ने अपनी मुक्ति का रास्ता, अपना 'ब्रीदिंग स्पेस' खोज निकाला, पर घर-गृहस्थी के झमेलों में पड़ी साधारण स्त्री के लिए मुक्ति के रास्ते स्त्री आन्दोलन ने ही प्रशस्त किये। बीसवीं सदी के उत्तरार्द्ध का स्त्रीवादी साहित्य इसका स्पष्ट साक्ष्य वहन करता है कि कैसे सर्वसाधारण स्त्रियों के जीवन की 'रुटीन' भी 'रेविलेशन' का माध्यम बन सकती है। दैनन्दिन उपयोग की साधारण चीज़ें एक कॉस्मिक द्युति पा सकती हैं और कॉस्मिक महत्त्व की चीज़ें (ख़ुद ईश्वर भी) पिछवाड़े का लड़का या लिफ्टमैन जैसा कुछ बनकर रह सकता है। 'मामूली' के 'गैर-मामूलीपन' और 'गैर-मामूली' के 'मामूलीपन' तक की यह यात्रा अपने-आप में एक क्रान्तिकारी यात्रा है।

नया भ्रमरगीत : उपालम्भ और तिनके की ओट? रिश्ता पगुराहट, बीन और भैंस का?

एक ज़माना था जब पुरुष कविताएँ लिखते थे और औरतें उन कविताओं के अनन्त छिद्रों से अच्छी बच्ची की तरह झाँकती मन्द-मन्द मुस्काया करती थीं। उन औरतों

के ख़ास लक्षण होते थे—1. वे सर्वदा सुन्दर होती थीं, सर्वांग सुन्दर, पर उन्हें डर बना रहता था कि उनसे उनका यौवन और सौन्दर्य छिन न जाये, 2. अक्सर वे असमय ही भगवान को प्यारी हो जाती थीं और 3. आजीवन, जीवन के बाद भी उनका इकलौता काम होता था अपने प्रिय में प्रेरणा पम्प करना किन्तु खुद अपनी सुध-बुध बिसराये रखना।

मध्ययुग में कई महत्त्वपूर्ण महिला कवि हुईं और उन्होंने पुरुषों पर लिखा, लेकिन उन्होंने जिन पुरुषों पर लिखा—वे उनके आराध्य थे, उनके काल्पनिक आदर्श, इसलिए उनको लेकर वैसा मिला-जुला भाव उनकी कविताओं में नहीं घुमड़ता जैसा आधुनिक महिला कवियों में मिलता है। प्रेम और घृणा, आकर्षण-विकर्षण, मेल और अलगाव, आह्लाद और सन्ताप, द्वन्द्व और निर्णय के बीच का यह तनाव ही दरअसल आधुनिकता-बोध की नियति है—पिछले पचास वर्षों की स्त्री-कविता में जिसकी आहटें साफ़ दर्ज़ हैं।

कोई भी समाज कितना प्रगतिशील या पिछड़ा हुआ है—इसकी जाँच की सामान्य-सी कसौटी है उस समाज में वंचितों, स्त्रियों, बच्चों और वृद्धों की स्थिति का आकलन; मगर एक विडम्बना यहाँ यह घिर जाती है कि बहुत ज़्यादा 'सुखों से अघाया' (सैटिस्फाइड संडे फेसेज़) का समाज कविताएँ अच्छी नहीं लिखता। तीसरी दुनिया के देशों में स्त्री-समाज यदि दोहरी-तिहरी मार का शिकार है तो इससे उसे एक तो फ़ायदा है ही कि उसकी कविता उन्नत है। पीड़ा और विडम्बना-बोध, फैंटेसी और यथार्थ, ट्रैजिक और कॉमिक, आतंक और हँसी, व्यक्ति और समष्टि, गुस्सा और सेलिब्रेशन, सिम्बॉलिक और सिमिऑटिक आदि कई ध्रुवान्त हैं, जिनका एक सजग अन्तर्पाठीय संवाद यहाँ की उत्कृष्ट स्त्री-रचनाकरों के पाठ में साफ़ प्रतिध्वनित है। ऐसा नहीं कि सब स्त्रियाँ अच्छा ही लिख रही हैं और कमज़ोर कविताएँ लिखी ही नहीं जा रहीं—कच्चा रोना-गाना भी यहाँ भरपूर है—मनोगति की दृष्टि से जिसका समाजशास्त्रीय विश्लेषण आसान है पर काव्यशास्त्रीय विश्लेषण असम्भव—पर जो अच्छा लिखा जा रहा है, वह इतना अच्छा है कि विश्व की स्तरीय कविताओं के समकक्ष आसानी से खड़ा हो सकता है।

जैसाकि फ्रेंच भाषाविदों के भाषिक विश्लेषणों से स्पष्ट ही है—पुरुष की 'लिबिडिनल इकोनॉमी' का बीज शब्द है 'सम्पत्ति' और स्त्री की 'लिबिडिनल इकोनॉमी' का बीज-शब्द है 'उपहार', एक ऐसा अवदान जिसका दाम वसूलने की कोशिश कभी की ही न जाये। इसलिए उसमें ऐसा बहुत कुछ संचित रह जाता है जिसे उच्छल अभिव्यक्ति की आवश्यकता होती है। स्वभावतः स्त्रियों की भाषा में एक ख़ास तरह का आवेग होता है और वैसा ही क्रमण-संकुचन जो प्रसव का साक्ष्य वहन करे। उसमें होता है 'वस्तुनिष्ठा' और 'आत्मनिष्ठा' का समायोजन, तर्क और अन्तःप्रज्ञामूलक उस अर्द्धविस्मृत भाषिक लय का संयोजन तो गर्भगृह में

माँ की देह से छनकर शिशु की देह में उतर आता है—आती-जाती साँस की लय, स्तन पकड़ाने-छुड़ाने की लय, प्रकाश जलने-बुझने की लय—पूरी की पूरी नहीं भी तो काफ़ी हद तक अधूरे वाक्यखण्डों, शब्दों के बीच की दरारों, अन्तर्पाठीय प्रभावों, रचनात्मक अन्यथाकरणों और व्याकरण के नियम लाँघ जाने में प्रतिबिम्बित होती है या सिनेस्थेसिया (Mixing of Sensations) और बहुध्वन्यात्मक (Polyphonic) बिम्बों में। उसकी गति क्षैतिज नहीं, वर्तुलाकार होती है, सम्बन्धवाचकों और समुच्चबोधकों का भी ख़ासा तरल विनियोग वहाँ होता है। वाक्य-रचना के तट तोड़कर बही जाती निर्बाध नदी, बहुविधात्मकता (आत्मकथा, आलोचना, निबन्ध)—सबका मिला-जुला रूप, विस्मृतियों और मिश्र (portmonteau) शब्दों के संकुलित तरंग की बड़ी उठान—सबमें ही औरत की दैहिक और मानसिक बनावट का द्वन्द्व धक्-धक् बजता हुआ साफ़ सुनाई देता है। उसके रूपक, श्लेष, योगात्मक क्रीड़ाभाव—सब एक ऐसे अवचेतन का पता देते हैं जो सर्वसमावेशी है और उच्छल।

वर्जीनिया वूल्फ, मरीना स्वेताएवा, अन्ना अख़्मतोवा, सिल्विया प्लाथ, एन सेक्सटन और अपने यहाँ की भी कुछ मातृमुखी कवयित्रियों की भाषा ऐसी ही भाषा है। आदर्शीकृत मिथ की दुनिया में रहने वाली ये कवयित्रियाँ आत्महत्या की हद तक नहीं भी गयीं तो आध्यात्मिक/धार्मिक/मिस्टिकल अनुभूतियों की उस स्वयंसमर्थ दुनिया में प्रयाण कर गयीं जो मीरा को मीरा, अक्क महादेवी को अक्क महादेवी या फिर क्रिस्टीना रॉजेटी, एमिली डिकिन्सन, लेवेरतोव या महादेवी वर्मा को वह बनाती हैं जो वे हैं। 'चेतन' से अधिक 'अवचेतन' का, यथार्थ से अधिक 'आदर्श' का दबाव इन पर लगातार बना रहता है और ये जीती भी हैं तो आदिम स्मृतियों और देवी/आधिभौतिक सपनों से आकण्ठ भरी हुई। मातृमूलक संवेदनाओं से घुलना इन्हें आत्म-विसर्जन की सीमाओं तक खींच लाता है, पर यह विसर्जन एक दुरूह किस्म का विसर्जन होता है जो अस्मिता की तलाश के प्रश्न से भी जटिल ढंग से आ जुड़ता है, बल्कि ठीक से देखा जाये तो होता ऐसा है कि अस्मिता की तलाश के क्रम में ही तादात्म्य और समर्पण घटित हो जाते हैं, एक ऐसे प्रकाश-बिन्दु से जो आदर्श जान पड़ता है और लम्बी तलाश/साधना के बाद मिलता है। 'सिमिऑटिक' स्तर वाला यह समर्पण 'सिम्बॉलिक' व्यवस्था के कोमल-सहिष्णु-लजालु—'कान्तासम्मत' समर्पण से बिल्कुल भिन्न होता है क्योंकि इसमें एक (आदर्श) के स्वीकार में पूरी व्यवस्था का, पूरी अन्यायपूर्ण व्यवस्था का निषेध शामिल होती हैं। एक प्रेमी/भक्त और मिस्टिक की आत्मा इसी अर्थ में बागी होती है। जब मीरा कहती है—'मेरो तो गिरिधर गोपाल/दूसरो न कोय' तो एक के स्वीकार में पूरी व्यवस्था के निषेध का क्रान्तिकारी दर्शन घटित होता दिखाई देता है।

इसी तरह महादेवी वर्मा के भी कई गीत उनके रहस्यवादी स्वरूप का खण्डन करते हुए उन्हें प्रखर स्त्रीवादी विद्रोह का तेज़ देते हैं :

'कीर का, प्रिय, आज पिंजर खोल दो।'

पूरे गीत का आवेग ध्यातव्य है। इसी तरह जब वे कहती हैं :

'पन्थ रहने दो अपरिचित, प्राण रहने दो अकेला।
चिरव्रती निर्माण-उन्मद
ये अमरता नापते पद
बाँध लेंगे अंक-संसृति से तिमिर में स्वर्णबेला।'

यह और स्पष्ट हो जाता है कि अपने एकान्त को, अपने आपको ही चीरकर दो भागों में बाँटने और अपने-आपसे तथा संवाद कायम करने की यह महत्त्वपूर्ण पहल है। दाम्पत्य के क्लेशों को लेकर लम्बा-चौड़ा शिकायतनामा दर्ज करने के स्थान पर महादेवी इक्कट-दुक्कट में निष्णात बच्ची की तरह कड़वे यथार्थ के विषम वर्णन साफ़ फलाँग जाती हैं और कल्पित आदर्श के साथ-साथ ख़ुद अपने से जो नया सम्बन्ध कायम कर लेती हैं—यह कम साहस का काम नहीं।

सुभद्राकुमारी चौहान ने 'वीर' और 'वात्सल्य' को महादेवी जी की 'करुणा' से अलग एक पहचान दी—यह उनका बड़ा अवदान है। रस-निक्षेप की दृष्टि से और शब्द-चयन के निकष पर भी स्त्री-कविता का परिवृत्त बड़ा करने का श्रेय उन्हें जाता है। काव्य-भाषा की जकड़न खोलने में, उसे बातचीत की भाषा के क़रीब लाने में उनकी कविताओं की बड़ी भूमिका है।

छायावादोत्तर गोधूलि में सन्धिप्रकाश रागों की मेलंकली के साथ जो स्त्री-स्वर उभरे—उनमें से कुछ पर आरोप लगा कि वे अपने परिवेश से कटी हुई हैं, आत्मदया और कच्चे आक्रोश से भरी है उनकी कविता। कुछ आलोचकों ने 'फरियाद की कोई लय नहीं है' कहकर इन्हें समंजित करना भी चाहा तो दया-भाव से, और तब उभरे 'पर्सनल इज़ पोलिटिकल' और 'आइडेंटीज इन प्रॉग्रेस' की ऊर्ध्वबाहु घोषणा करते सुसन गिल्बर्ट, लांका और अन्य उत्तर-संरचनावादी समीक्षक जिन्होंने पासा ही पलट डाला, यह सिद्ध करके कि एकाधिक, अनिर्णीत, चल उप-व्यक्तियों का समूह होता है। कोई भी व्यक्ति (स्त्री हो या पुरुष)—इसलिए उसकी भाषा भी प्रति-पल-परिवर्तित (जेनरेटिव) प्रक्रिया होती है, अर्थ-विन्यास का ठस्स ढाँचा नहीं और यह भाषा पूर्णता तभी ग्रहण करती है जब वह निजी से निजी, सूक्ष्म से सूक्ष्म अनुभूति की लय की साक्षी बने, पितृसत्तात्मक सामाजिक विनियमितताओं (सिम्बॉलिक) से मातृसत्तामूलक प्राक्यएडिपीय संवेदनाओं (सिमिऑटिक) का सजल संवाद घटित करे।

'शिपरेक ऑफ़ द सिंगुलर' और 'मल्टिपल आई' की इस स्थापना के बाद कविता में—विशेषकर स्त्री-कविता में—'मैं' और 'हम' का तो फ़र्क़ मिट गया—'जल में कुम्भ, कुम्भ में जल है, बाहर-भीतर पानी/फूटा कुम्भ, जल जलहिं समाना, यह तत कथौ गियानी'। मैं का घट फूटकर 'समष्टि' के जल से ऐसा एकप्राण हुआ कि 'अणोरणीयामहतोमहीयान' की स्थिति आ गयी : 'मैं' रोटी बेलती हूँ जैसे पृथ्वी का

'मैं' हो या मैंने कहा था आज के लिए बस इतना ही काफ़ी है। 'आज के लिए बस इतना ही' के अन्त का 'मैं'।

'मैं' की चौहद्दी सामाजिक ही नहीं, परिमाणात्मक निकष पर भी बढ़ी। यह सर्वसमावेशी इस अर्थ में भी हुआ कि उसने अब तक अनादृत/उपेक्षित अनुभव-वृत्त भी समेटे। ऋतुमती होना, गर्भ धारण करना, दूध पिलाना, बच्चे बड़े करना, पिटना, बलात्कार, गालियाँ, टूँ-टाँ, खचर-पचर भावहीन, यान्त्रिक, सम्भोग, नोच-खसोट... और भी तरह-तरह की हिकारतें चुपचाप झेलते चले जाना स्त्री-देह से जुड़े ऐसे बड़े सत्य हैं जिनकी अभिव्यक्ति की भाषा अब जाकर स्त्रियों ने साधी है। रोटी बेलने, जुँएँ चुनने, झाड़ू देने तक की विशिष्ट अनुभूतियाँ एक अलग तरह का मेटाफिजिकल/रूपकात्मक/प्रतीकात्मक आयाम स्त्री-कविता को दे गयी हैं।

चेखव की 'थ्री सिस्टर्स' का-सा सखी-भाव परिविस्तार इधर की स्त्री-कविता की दूसरी बड़ी विशिष्टता के रूप में उभरकर सामने आयी है यह पहले भी मैंने कहा है और जानबूझकर फिर कहती हूँ—घर-गृहस्थी, नौकरी और बच्चों की तिहरी ज़िम्मेदारी और अधूरे, अतृप्त प्रेम के तनावों के बीच एक स्त्री जब दूसरी स्त्री का सम्बोध्य बनती है—एक नये रस का परिपाक होता है—वात्सल्य, करुणा और शान्त—सब जिसमें अपने उदात्ततम रूप में समाविष्ट दीखते हैं। बच्चों में और दूसरी औरत में (माँ/मौसी/बुआ/पड़ोसिन/सहयात्रिणी/एक परचून की दूकान से राशन ख़रीदने वाली सहक्रेता तक में) एक औरत विश्वास, निष्ठा और सहानुभूति का परिविस्तार सहज ढूँढ़ लेती है। ये स्पन्दन कुछ ऐसे हैं जो उसे पुरुष के संसर्ग में बहुधा नहीं मिलते तो वह मीरा-महादेवी की-सी मनःस्थिति में आकाश-तत्त्व की ओर मुड़ जाती है या फिर लेस्बियन रचनाकारों की तरह आत्मनिर्भर घेरों के सन्धान में। इतिहास, मिथक और आत्मकथा के सम्मिश्रण (Biomythography) से मातृसत्तात्मक विस्मृत स्पेस पुनर्सृजित करने का जो मूलमन्त्र स्त्री रचनाकारों ने इधर साधा है, उसी के आश्रय अलग-अलग सांस्कृतिक अस्मिताओं के बावजूद विश्व-भर की स्त्रियाँ भगिनी-भाव से जुड़ी हैं।

समकालीन स्त्री-कवियों में दो-तीन तरह के स्वर जो इधर उभरकर आये हैं, उनमें एक तो बायोमाइथोग्राफ़ी की इसी परम्परा से जुड़ता है। बायोमाइथोग्राफ़ी जातीय स्मृतियों के आलोक में स्त्री-संसार के विशिष्ट अनुभव-वृत्तों का सजग आकलन एकदम ताज़ा, धारोष्ण बिम्बों के आश्रय करती है। दूसरी परम्परा में आती हैं प्रकट राजनीतिक जज़्बे वाली तीक्ष्ण व्यंग्य-कविताएँ और तीसरी में मीरा-महादेवी वाले तेवर की ट्रांसेंडेंस-परक कविताएँ जो यथास्थितिवादी दीखती तो हैं पर हैं नहीं। उनकी शान्त सतह के भीतर की हलचल (मनोगतिकी) का यथेष्ट विश्लेषण होना ही चाहिए, कुरेदनी ही चाहिए उसकी नींद जिसमें 'उसके सपने की मिट्टी फँसी होगी/बर्फायी घास का तिनका भी।'

इस तीसरी परम्परा की भाषा तो सिहरी-ठहरी और शोकदग्ध है—जैसे कोई दुख से पत्थर ही हो चला हो—पीर बाक़ी जो दो परम्पराएँ हैं—बायोमाइथोग्राफ़ी और व्यंग्यवाली—उसमें वह रवानी और क्रीड़ावृत्ति भरपूर है जिसे फ्रेंच भाषाविद् 'push & joy of language' कहते हैं। स्त्री-पुरुष सम्बन्धों में असमंजसजन्य अवसाद का स्वरूप कुछ तो ज़रूर बदला है, भाषा के तेवर भी बदले हैं—यह अधिक दोस्ताना और अनौपचारिक हुई है—नये-नये बिम्बों से अनुस्यूत। प्रेम, आनन्द और शान्ति की 'यूटोपिया' का क्लान्त अस्तित्ववादी सन्धान हाशिए पर चला गया है, अधिकार हनन के विरुद्ध सधा व्यंग्य भी भाषा और स्थितियों के साथ एक आत्मविश्वास-भरे छेड़छाड़ में तब्दील हो गया है। आत्मान्वेषण का हर्ष कुछ इतना घना है कि भाषा से होली खेलती दीखती हैं श्रेष्ठ स्त्री रचनाकार। लोकगीतों की-सी परिहास-वृत्ति, एक महीन-सा ह्यूमर भी इधर की स्त्री-कविता की एक बड़ी उपलब्धि है।

यह ह्यूमर विशेष प्रकार का है। इसकी प्रकृति जॉन डन आदि मेटाफिजिकल कवियों के विट्-विषयक दर्शन (Violent yoking together of heterogenous opposites) से मिलती है। इस दर्शन का सार यह है कि—(अ) सृष्टि की सब चीज़ें एक सूत्र से जुड़ी हैं, इसलिए किसी की भी तुलना किसी से भी हो सकती है (प्रेमीयुगल की तुलना कंपास की दो सूइयों से भी), (आ) भावों की शुद्धता की रूमानी धारणा आदमी के दिमाग़ की क्लिष्ट बनावट के प्रतिकूल पड़ती है—प्रेम में पड़ा आदमी दिन-रात सिर्फ़ प्रेम के बारे में नहीं सोचता, सच्चे से सच्चे प्रेमी को भी कभी पैसे की चिन्ता सता सकती है, कभी दुनिया के और क्रूर यथार्थों की—इसलिए उसकी मनःस्थिति का यथेष्ट चित्रण केन्द्रीय और अपकेन्द्रीय—दोनों संवेगों की बहुआयामी प्रस्तुति से ही सम्भव है।

यह ख़ास तरह की क्रीड़ाधर्मिता अपने उद्देश्यों में उतनी अगम्भीर भी नहीं, सत्य को समग्रता में देखने की कोशिश ही है—यह स्त्री कवयित्रियाँ बख़ूबी समझती हैं। तभी उनके यहाँ दैनन्दिन उपयोग की साधारण चीज़ें एक कॉस्मिक द्युति पा जाती हैं और कॉस्मिक महत्त्व की चीज़ें (ख़ुद ईश्वर भी) पिछवाड़े का लड़का या लिफ्ट-मैन जैसा कुछ मामूली होकर रह जाती हैं। स्त्री-भाषा का सतत घूर्णन इसका बड़ा प्रमाण है। क़ैदियों के जूते घिसते जा रहे हैं इसी काम में। समय ही स्त्रियों का इसलिए वक्राकार घूमता है कि रैखिक प्रगति वहाँ कम ही होती है—एक अनन्त से दूसरे अनन्त तक गोल-गोल नाचते ही जाते हैं आदि-बिम्ब, लोक-छन्द, विगत और आगत!!

क्या करती हैं औरतें? : भाषिक हवाई फायर?

हमारे दो होंठ हैं। दोनों मिलते हैं, एक लय में गतिशील होते हैं, तो भाषा बनती है। एक हिले, दूसरा स्पन्दित ही न हो, तो भाषा का सृजन असम्भव होगा। भाषा का सार है संवाद, भाषण नहीं। दोनों होंठों की अस्मिता बरकरार रखने का नाम है

भाषा। भाषा अपनी पूर्णता में किसी तरह की एकांगिता बर्दाश्त नहीं करती, और इसीलिए हर तरह की अन्यायपूर्ण एकांगिता के भास्वर विरोध का हथियार बनती है। भाषा को व्यक्ति के अधीनीकरण के सांस्कृतिक षड्यन्त्र का हथियार जब-जब बनाया गया, भाषा गवाह है कि उसे निरस्त करने के हथियार भी उसी से निकले।

आज स्त्री-लेखन में भाषा के रचनात्मक अन्यथाकरण (creative distortion या deterritorization) के अनेक सजग यत्न हो रहे हैं। शब्दों और वाक्यों के बीच की दरारों, स्खलनों, फाँकों, अनुगूँजों का यानी प्राक्भाषा संवेदनाओं का ऐसा संकेतात्मक, सतर्क विनियोग हो रहा है, जो subject position पलट सके। वाक्य के जो दो खण्ड होते हैं : उद्देश्य और विधेय, उनमें पहले पर यानी subject position पर पुरुष की, और दूसरे यानी object position पर स्त्री की उपस्थिति पिछले कई सौ वर्षों से हमारी मनीषा में दर्ज है। सत्ता जिसके भी हाथ में होती है, ज़ाहिर-सी बात है कि subject position पर वही होगा, कर्ता वही होगा, वक्ता वही होगा; बाकी श्रोता होंगे, और मूक द्रष्टा। भारतीय सौन्दर्यशास्त्र स्त्री के धैर्य और सहिष्णुताधर्मी मौन का जो इतना माहात्म्य बखानता है, वह अकारण तो नहीं है। एक बड़ी चुपचाप-सी सहमति सबके मन में इस बात को लेकर बन गयी-सी दीखती है कि बोलती सिर्फ़ दूसरे-तीसरे दर्जे की स्त्रियाँ हैं क्योंकि बोलने की ज़रूरत ही सिर्फ़ उन्हें पड़ती है जिनकी रूमानियत-भरी रहस्यमयी चुप्पी का घेरा लोगों का ध्यान खींचने में समर्थ नहीं हो पाता; यानी कि एक ख़ास तरह की कमी, एक ख़ास तरह की खोट, एक ख़ास तरह की अतृप्ति, जो castration complex से भी नीचे की चीज़ है, उन्हें बोलने को विवश करती है। पद्मिनी नायिकाओं को बोलने की क्या ज़रूरत! भट्टिनी को बोलने की क्या ज़रूरत! बोलती हैं निउनियाएँ, प्रौढ़ाएँ, वेश्याएँ, विषकन्याएँ, रणचंडियाँ और दासियाँ, जिन बेचारियों का बोले बिना काम नहीं चलता। और जो भाषा से बोलती हैं—चटक, पुष्ट, जीवन्त और धारदार—उनमें लोकजीवन अपनी पूरी ऊर्जस्विता और बाँकपन के साथ, अपने सब रंगों में सहज उजागर होता है। गाँव-घर की भाभियों, चाचियों, बुआओं की गालियाँ, उलाहने, कहावतें, किस्में, गीत, पहेलियाँ और ताने भाषा से एक ऐसी ज़ोरदार होली खेलते हैं कि 'धोबिनिया धोए आधी रात' वाला आलम हो जाता है। साहित्य के सिर इनकी इस रंग-रंगीली, दृष्टान्तबहुल, चित्रमयी, ठस्सेदार, ठेठ भाषा का ऋण बहुत बड़ा है।

इतिहास की तो जाने ही दें, हमारी पूरी मिथकीय परम्परा में बस एक आर्य-स्त्री है जो बोलती है। वह स्त्री हैं पार्वती। महादेव चूँकि महोदव हैं, उन्होंने अपनी स्त्री को तर्क की, विमर्श की, ज़िद की स्वतन्त्रता दे रखी है। बेचारे समझते हैं कि इस स्त्री में आग है, इसने अपने पिता, हिमालय, से भी स्पष्ट विद्रोह किया था, इसलिए इसे कम से कम बोलने की स्वतन्त्रता तो चाहिए ही। धरती का राउंड लेने जब दोनों पति-पत्नी निकलते हैं, तो पार्वती दीन-दलितों का भाग्य पलटने की पैरवी लगातार

उनसे किये चलती हैं, और पैरवी के इस डिस्कोर्स का विश्लेषण करने हम बैठें तो स्त्रीत्व की एक सरल लेकिन रोचक-सी छवि हमारे सामने उभरती है। यह जो स्त्री दूसरों का दुःख देखकर पिघलती है, उनके केस की पैरवी अपने पति से करती है और ज़िद से, इसरार से, तर्क से अपनी बात मनवा लेती है, यह अपने-आप में एक पूरी संस्था है, एक समूचा प्रेशर ग्रुप। सत्ता चाहे जिसके हाथ में हो, करने वाला चाहे जो हो—पुरुष ही सही, काम करवाएगी स्त्री और करवा के रहेगी। स्त्रीत्व का यह बिम्ब जो मौन स्वीकृति के ऊपर उसकी स्वतन्त्र समझ की कुशल, ध्येयनिष्ठ अभिव्यक्ति में सफल होता है, मेरे विचार से किसी पितृसत्तात्मक समाज की एक महत्त्वपूर्ण उपलब्धि है। सत्ता हाथ में न हो तो भाषा के ज़ोर से कायाकल्प कैसे घटित किये जा सकते हैं, इसका अच्छा उदाहरण है पार्वती। नियति के चक्र भी सिर्फ़ भाषा के ज़ोर से वे बदल डालती हैं।

भारतीय मनीषा में भाषा से स्त्री का जो अपेक्षित-सा रिश्ता है, अगर उसी का बुद्धिमत्ता से विनियोग किया जाये तो भाषिक क्रान्ति के कई सूत्र वहाँ हमें मिल जायेंगे। इसका दूसरा उदाहरण हरतालिका व्रत-कथा के इस श्लोक में देखा जा सकता है।

सर्वेषां सर्वधर्माणामल्पायाषं महत्फलम्,
प्रसन्नोऽसि मया नाथ! तथ्य ब्रूहिमाग्रतः।
केन त्वं हि मया प्राप्तस्तपोदानव्रतादिना
अनादिमध्यानिधनो भर्ता चैव जगत्प्रभुः।

पार्वती कहती हैं—हे महेश्वर, हमें कोई गुप्त व्रत या पूजन बताइए जो सब धर्मों में सरल हो, जिसमें परिश्रम भी कम करना हो, लेकिन फल अधिक मिले। यदि आप मुझ पर प्रसन्न हों तो यह विधान बताइए। हे प्रभो! किस तप, व्रत या दान से आदि, मध्य और अन्त रहित आप जैसे प्रभु हमें प्राप्त हुए हैं।

इस वाक्य का गठन विचारणीय है—व्रत करने वाली ने व्रत कर भी लिया, शिव को पा भी लिया और अब पलटकर उलटे शिव से ही पूछ रही है कि बताओ तो मैंने कौन-सा व्रत किया। इसकी दो व्याप्तियाँ हो सकती हैं—पहली यह कि मैंने तो तुम्हें पाने के लिए जाने कितने अनुष्ठान किये, उनमें कौन-सा रह गया इस बारे में मैं ज़रा कन्फ़्यूज़्ड हूँ, तुम मेरा कन्फ्यूज़न दूर करो; और दूसरी व्याप्ति यह हो सकती है कि पार्वती के प्रत्यक्ष सम्बोध्य तो शिव हैं, किन्तु परोक्ष सम्बोध्य अखिल ब्रह्माण्ड है जिससे वे अपनी स्मृतियाँ शिव के filtered indirect narration के साक्ष्य में बाँट लेना चाहती हैं। पार्वती की भाषा की यह लोकाभिमुखता अपने-आप में बहुत महत्त्वपूर्ण है जो उन्हें स्त्रीत्व की आधुनिकतम परिभाषाओं से जोड़ देती है।

इस सदी की शुरुआत में जब शरतचन्द्र ने कहा कि सतीत्व बड़ी चीज़ है, पर उससे बड़ी चीज़ है स्त्रीत्व, तो लोग चौंके थे क्योंकि स्त्रीत्व को पत्नीत्व और मातृत्व से अलग करके देखने-पहचानने का शऊर तब सबको न था। पत्नीत्व बड़ी चीज़ है,

मातृत्व भी, पर स्त्रीत्व सिर्फ़ पत्नीत्व और मातृत्व का समुच्चय तो नहीं है। इसके परे जो वह है, उसकी परिभाषा भाषा की सीमाओं के परे की चीज़ है, पर पार्वती की लोकाभिमुख, सतेज, सवाक् द्रवणशीलता में उसकी एक झलक ज़रूर देखी जा सकती है।

मुझे तो लगता है, पार्वती बहुत ह्यूमरस हैं। स्त्रीवादी लेखन पर जो आरोप है कि यह अत्यधिक संकुचित, अत्यधिक गम्भीर, अत्यधिक अकादमिक, अत्यधिक झगड़ालू और किंचित प्रगल्भ है—उसका निराकरण पार्वती की चुटीली भाषा के शिल्प में हमें सहज मिल जायेगा। प्रथम चरण के फेमिनिस्टों को जो तेज़ 'काली' के semiotic nuances से मिला, समन्वित नारीवाद के पक्षधरों को पार्वती के सुचिन्तित विमर्शों में वही तेज़ मिलने की सम्भावना मुझे दीखती है।

अच्छा योद्धा परिस्थितियों और प्रतिफलों के अनुरूप अपनी रणनीतियाँ बदलता चलता है। जो मुद्दे सामने लाने थे, प्रथम चरण का स्त्रीवाद अपनी पूरी गरज-तरज के साथ आग की भाषा में सामने रख चुका है। लोग सहमत हों न हों, जानते ज़रूर हैं कि मुद्दे क्या हैं। अब समय है कि उन मुद्दों के बारे में लोगों को तर्क से, ह्यूमर से आश्वस्त कर लिया जाये कि वे कितने सही हैं—खुद उनके ही हित में जो इन पर तंज करते हैं, सड़ी-सी, पूर्वग्रह-जर्जर भाषा में हर जगह इनका विरोध करते हैं, और नारों, विज्ञापनों, गालियों, किस्मों, कहावतों, संस्मरणों, जनसंचार माध्यमों, पंचायतों, दफ़्तरों, यहाँ तक कि साहित्यिक विमर्शों में स्त्रीविरोधी एक व्यापक सांस्कृतिक षड्यन्त्र में अपनी शिरकत से ज़रा भी नहीं चूकते। उनकी दृष्टि में पूरा स्त्री-समुदाय ही गर्हित है, अपवाद हैं सिर्फ़ उनकी माताएँ और कहीं-कहीं वे भी नहीं।

इस षड्यन्त्र के ख़िलाफ़ स्त्रियों की यह जो तिरछी-सी, महीन-सी, ज़रूरी-सी लड़ाई है—साम-दाम-दण्ड-भेद के अलग-अलग तरकशों से नहीं लड़ी जा सकती। हम एक ऐसे दोमुँहे समाज में जी रहे हैं जहाँ साम-दाम-दण्ड-भेद अलग-अलग रणनीतियाँ रह ही नहीं गये। साम की दाम में, दाम की दण्ड में, दण्ड की भेद में घुसपैठें कुछ ऐसी बढ़ गयी हैं कि कहीं कुछ स्पष्ट दिखाई नहीं देता, और इस पेंच का सबसे गहरा असर, ज़ाहिर है कि भाषा पर पड़ा है। साम-दाम-दण्ड-भेद तो भाषा के बग़ैर मुमकिन नहीं, भेद की भी एक ख़ास भाषा तो होती है जिसकी स्पष्ट आहट थेर गाथाओं की रचयिता बौद्ध भिक्षुणियों और भक्त-कवयित्रियों से लेकर समकालीन साहित्य की भी हर महत्त्वपूर्ण रचनाकार में मीरां के घुँघरुओं की तरह साफ़ ठनकती है।

'मैं' और 'मेरा' स्त्री-लेखन के बीजाक्षर हैं, पर स्त्री-लेखन आत्मालाप नहीं है। यहाँ 'मैं' और 'मेरे' का जो परिविस्तार है, उसमें निरवधि निस्सीमता है जो सबसे जुड़कर भी सबसे अलग है, अकेली है और अकेली रहना चाहती है : "पन्थ रहने दो अपरिचित, प्राण रहने दो अकेला, जान लो यह मिलन एकाकी विरह में है दुकेला।" स्त्री की क्या, यह तो मानव-मात्र की नियति है। फिर भी समायोजन के यत्न होते तो हैं और होने भी चाहिए! और भाषा ही वह पुल है जो जोड़ता है या जोड़ सकता

है। देह की, आँखों की, अच्छी-बुरी स्मृतियों की अलग-अलग भाषाएँ तो स्त्री-पुरुष नहीं बोलते, उनका निहितार्थ एक ही होता है, कहने का ढंग बेशक अलग-अलग हो! और कहने का यह जो स्त्रियों का अलग-सा ढंग है, भाषा उसे दोयम दर्जे की अभिव्यक्ति न कहकर, उसका सौष्ठव अलग से पहचानें, तभी तो 'मौन मधु हो जाये'। अलग अभिव्यक्ति की यह कशिश एक फ्रेंच फेमिनिस्ट कविता में साफ़ दीखेगी! कविता का शीर्षक है–

'Menstruation in May'!
I squeeze my breast
for the invisible ink of milk,
I bear down hard–
No baby's head appears
The poems keep flowing monthly like my blood.
The word is flesh, I say.
Still unconvinced.
The Flesh is flesh.
The word is on its own.

आजकल दरीदा-फूको के उद्धरण एक रूढ़ि-सी बन गये हैं। मैं भरसक इससे बचने की कोशिश करती हूँ पर प्रसंगवश कम से कम स्त्री-रचनाकारों को लक्ष्य कर कही गयी दरीदा की एक उक्ति उद्धृत करने का लोभ संवरण नहीं कर पा रही–

"Give up specifically female subject in favour of indifferentiation... but don't imitate. You do not have to be a man in order to do it. Just as in the nineteenth century India you did not have to be English in order to be Anglicized."

निराला की वह स्त्री याद करें–"वह तोड़ती पत्थर, देखा मैंने उसे इलाहाबाद के पथ पर"। उसी स्त्री की तरह "जो मार खा रोयी नहीं", हमें भाषा के पत्थर तोड़ने हैं और नयी राह बनानी है। लाकां कहते हैं कि पुरुषों की भाषा में फैलोसेंट्रिक कसावट सहज होती है, औरतों को यह गढ़नी पड़ती है। पर प्रश्न है कि क्या उदग्र कसावट ही भाषा का एकमात्र गुण है! अपने तरंगायित फैलाव में भी भाषा अलग ढंग से मोहक हो सकती है और सहज महिला रचनाकारों की यह लगातार कोशिश रही है कि उनकी भाषा अलग ही दमके, उनमें उनके व्यक्तित्व की निजता झलके और किसी फैलोसेंट्रिक ग्रन्थि की बास उससे न आये। गाँधी ने कहा था : "शक्ति का अर्थ यदि पशु-बल है, तब तो पुरुष अवश्य अधिक शक्तिमान है; लेकिन अगर इसका अभिप्राय मानसिक-नैतिक बल भी है तो स्त्रियाँ पुरुषों से उन्नीस नहीं।" और इसका सबसे सम्पुष्ट प्रमाण है कि भाषा के सभी रंगों, सभी तेवरों की अलग-सी

आँच इनके यहाँ दिखाई देती है—संवेग, प्रज्ञा, विवेक और बुद्धि की अलग-सी आभा, जो शतरूपा है जैसे अग्नि, और प्रवाहमान है जैसे जल।

स्त्री-भाषा की आन्तरिक बुनावट

भाषा बनती कैसे है? क़रीब-क़रीब वैसे ही जैसे अमावट बनता है। अगर आपने अमावट या आम-पापड़ बनने की लम्बी प्रक्रिया देखी है तो याद कीजिए। आँगन में सफ़ेद धोती बिछी है। अमरस के बड़े-बड़े घड़े रखे हैं। बहुत सारे, हाथ और करछुल समवेत ढंग से लगे हैं एक बड़े यज्ञ में—संचित और विस्तीर्ण रस की एक परत धूप-हवा ने सुखाई नहीं कि दूसरी नयी परत बिछ गयी... और इस तरह परत-दर-परत मिठास, थोड़ी मिट्टी, बहुत सारी मानुष गन्ध, आदम जात का सरस समवेत स्पर्श एक थक्के के रूप में सामने हाज़िर! ऐसे ही बनती है भाषा—परत-दर-परत जातीय स्मृतियाँ, गम्भीर सांस्कृतिक सन्दर्भ, हर युग, हर वैयक्तिक-सामाजिक अवगुंठन की एक ताज़ा परत—मीठी, किरकिरी, हल्की-सी खट्टी (चटपटी)—शुद्ध भी, अशुद्ध भी—अर्थ के कई ऐसे लच्छों से भरी हुई, जिसकी व्याख्या में "धरती सब कागद करौं, लेखनी सब बनराई" तो भी व्याख्या पूरी न हो।

भाषिक संरचना में अस्मिता की तलाश का प्रश्न जो फ्रेंच भाषाविदों ने उठाया—इसके आधार पर इतना तो कहा ही जा सकता है कि हाशिए पर रहने वालों की भाषा हमेशा ही अधिक जीवन्त, रंग-रंगीली और ठस्सेदार होती है। जो भी वर्ग-वर्ण, लिंग—एक श्रोता की स्थिति में विधेय स्थान पर, अवरुद्ध और उपभोग होते हैं—पता नहीं किन स्रोतों से, क्षतिपूर्ति सिद्धान्त के अनुकूल उनकी भाषा में एक अलग तरह की रवानी, तेजस्विता और अनुगूँज खचाखच समा जाती है। इसका सबसे स्पष्ट प्रमाण स्त्रियों की भाषा है।

मर्दों की भाषा अमूमन व्यापार-वाणिज्य की सरल-सपाट भाषा होती है। वाणिज्य, वणिकवृत्ति और राजकाल की अधिकार-प्रमत्त भाषा—शुष्क लेन-देन और ऊपरी सरोकारों की भाषा—'शुष्को वृक्षः तिष्ठति अग्रे' वाली कामचलाऊ, चलन्त-फिरन्त भाषा, आपाधापी की भाषा, रेलवे प्लेटफॉर्म, कचहरी, बाज़ार, पंचायत, अस्पताल और दफ़्तर की भाषा। जिसे बतरस कहते हैं, उसका शहद तो औरतों के पास ही होता है। गुप्तजी ने "आँचल में है दूध और आँखों में पानी" की बात कही थी, लेकिन बतरस के इस शहद की धारक भी स्त्रियाँ ही हैं। लोरियाँ, लोककथाएँ, संस्कार गीत, सब इसका साक्ष्य वहन करते हैं। और तो और औरतों के रोने में भी संगीत है—बहुधा वे गाती हुई और बोलती हुई रोती हैं—रुदालियों का अपना इतिहास है। सामुदायिक रुदन के इस आत्यन्तिक संगीत की भाषा में ज्वालामुखियों के फटने, समुद्र के हहाने, धरती के दरकने और बादलों की छाती फट जाने का आदि-नाद भी शामिल होता है।

गाँव-देहात की वृद्धाएँ बाल-बच्चों के महानगर में बस जाने के कारण बेबसी में महानगर आ तो जाती हैं, उसके बाद एक साथ कई दुःखों के पहाड़ जो उन पर टूटते हैं, उनमें शायद सबसे बड़ा है अपनी भाषा छूट जाने का दुःख। महानगर आते ही उनके मुख पर तो जाबी* लग जाती है। सामुदायिक जीवन छूटने का दुःख भाषा छूटने के दुःख में प्रतीकित हो जाता है। अन्दर की सारी खद-बद जिसमें प्रतिध्वनित हो जाती थी, वह भाषिक अवलम्ब ही न रहे तो क्या हो आपसदारी का जो सताये हुओं के बीच का सबसे जांगर पुल बनकर खड़ी होती है?

वृद्धाएँ ही क्यों—रोज़ी-रोटी के चक्कर में क़स्बे-देहात के दूसरे आदमी, औरत भी जब शहर आते हैं—उनकी भाषा के खुले डैने धीरे-धीरे मुँदने लगते हैं—भय से, आतंक से और उससे भी ज़्यादा इस चौकन्नेपन के दबाव में कि यहाँ की 'हाँ-हूँ' वाली 'हाय-हलो', 'सॉरी-शिट' वाली एकरूप, चंठ और चालू-सी, चुस्त और फुर्तीली आवेदनात्मक भाषा के सामने अपनी भारी-भरकम, चटक, हठीली भाषा का सौन्दर्य स्थापित करें तो कैसे? और इसी क्रम में धीरे-धीरे वे महसूस करते हैं कि उनका निर्वाण उनकी मूल भाषा और मूल क्षेत्र से आवाजाही बनाये रखने में ही है। वह मूल भाषा ही उनकी गंगोत्री है। ऐन्द्रिक संवेदना के कपाट वहीं से खुलते हैं और उसका भूल जाना ख़ुद को भूल जाना है। इस क्रम में स्त्रियों का दोहन क्यूँकि दोहरा होता है (विस्थापन का दुःख और यौन-शोषण के नये सिलसिले एक साथ झेलने पड़ते हैं उन्हें) अपनी मूल भाषा से उनका लगाव भी दोहरा हो जाता है। यही कारण है कि अपनी सन्तति को क्षेत्रीय लोककथाएँ, लोरियाँ, पहेलियाँ और चुटकुले वे भरपूर सुनाती हैं। इन लोककथाओं, लोरियों, पहेलियों और चुटकुलों में अलग-अलग स्रोतों, अलग-अलग व्याप्तियों, रंगों, सुगन्धों के चिकने, खुरदुरे, लाल-पीले और भूरे ख़तरनाक शब्द निर्द्वन्द्व खेलते हैं।

बीच में एक प्रवृत्ति चल पड़ी थी नॉस्टेल्जिया को रूमान का पर्याय मानकर साफ़ नकार देने की, पर इधर के मनो-सामाजिक शोधों से स्पष्ट है कि स्वप्न और स्मृतियाँ ही सुदृढ़ वर्तमान की नींव होती हैं। रोज़गार से जुड़े विस्थापनों का, राजनीतिक निष्कासनों का सार्थक उपयोग अस्मिता के पुनर्निर्माण के लिए लिखित स्त्री-साहित्य में भी इधर अक्सर हुआ है। चेनुआ अचेबे जिसे "re-education and re-generation" का दायित्व कहते हैं, उसके अन्तर्गत अपनी जड़ें पहचानने की कोशिश ख़ासी ज़िम्मेदारी का काम हो जाता है, और भावुकताप्रवण रूमान इसे नहीं ही माना जा सकता।

मुझे तो लगता है कि स्त्रियों के यहाँ कविता-कहानी में चित्रित हर लैंडस्केप, उनमें प्रयुक्त हर लोकमोटिफ या लोकभाषा से नागमणि की तरह उठाया गया हर व्यंजक शब्द, कहावत, मुहावरा, बिम्ब, चरित्र, संवाद, प्रसंगादि अस्मिता की लड़ाई में एक छोटी-मोटी युद्धभूमि की भूमिका अख़्तियार कर गया है।

---

* जाबी : गायों के मुँह पर लगाई जाने वाली जाली।

भाषा के महीन लकरपेंच, टूटे-फूटे पुश्तैनी गहनों की तरह औरतों के कोष में सुरक्षित रहते हैं और वक़्त पड़ने पर वे इन्हें अस्त्र भी बना लेती हैं। दरअसल यह तो स्थापित तथ्य है कि भाषिक औजारों से ही लड़ी जाती है अस्मिता की लड़ाई। हँसते-हँसते जान निकाल देने की कला ग्रामवधुओं से सीखे कोई। विशेषकर ग्वालिनों, रंगरेजनियों, मालिनों, नाइनों, कुंजरिनों और दाइयों से। शादी-ब्याह के अवसर पर मज़ाक़-मज़ाक़ में गालियाँ वधू-पक्ष की ओर से वर-पक्ष के लिए ये 'गाती' हैं, दो परिवारों के बीच सम्बन्ध-विस्तार में हुई गलतफ़हमियों और खुदरा खुन्दकों की भड़ास निकालने की ख़ातिर। बोलकर बात ख़त्म कर लेने के विवेक से परिचालित यह रेचन भाषाई दाँव-पेंच की दृष्टि से कई बार अनुपम होता है।

संरचनावादी और उत्तर-संरचनावादी—दोनों मानते हैं कि भाषा की शुरुआत एक ख़ास तरह के दमनचक्र से होती है। शिश्न की कमी को फ्रॉयड औरतों के अधीनीकरण का उत्स बताते थे। इसका उत्स लंका बताते हैं प्रतीकात्मक व्यवस्था को—भाषा जिसे बड़े फलक पर उजागर करती है। एक ख़ास तरह की कमी का शिकार पुरुष भी होते हैं। 'माँ' से उनकी एकात्मकता जल्दी ही भंग हो जाती है। मातृमूलक संवेदनाओं से नाभि-नाल का सम्बन्ध होता है मनुष्य का (स्त्री-पुरुष दोनों का)। सामाजिक 'औचित्य' के नाम पर पुरुष नाभि-नाल का यह सम्बन्ध तोड़ तो लेते हैं पर इस प्रक्रिया में उन्हें संघर्ष काफ़ी करना पड़ता है और यही संघर्ष उन्हें बनाता है खुरदुरा और रुक्ष। यही खुरदुरापन और रुक्षता उनकी भाषा में भी प्रतिबिम्बित हो जाता है।

किसी न किसी कमी का एहसास भाषा के उपयुक्त पल्लवन के लिए सचमुच ज़रूरी है। तृप्त मनुष्य को बोलने की क्या आवश्यकता? तृप्ति तो ईश्वरीय चुप्पी की ओर ले जाती है। प्रकृति से एकाकार कर हमें ईश्वर ही बना डालती है।

अतृप्त मनुष्य ही बोलना चाहता है पर संरचनागत दबाव कुछ ऐसे होते हैं कि जो कहना चाहता है, साफ़ कह नहीं पाता और कई दरारें निकल आती हैं। शब्द और शब्द के अनन्तर जिसमें कई अर्थ-छवियाँ फँसी पड़ी होती हैं। सैस्यूर तो कहते थे 'सिग्निफायर' और 'सिग्निफायड' की बात। लकां ने बात की 'चेन ऑफ़ सिग्निफायड्स' की। उन्होंने कहा कि हर सूचक सूचकों की एक शृंखला पर से फिसलता हुआ आगे आता है और इस क्रम में कई विस्थापन और संघनन घटित हो जाते हैं, हर शब्द ही निशाने से छूटा हुआ तीर बन जाता है—सही लक्ष्य के सन्धान की मानसिक तृप्ति कभी मिल ही नहीं पाती।

स्त्रियाँ इस अतृप्ति का उपाय अधिक सर्वजनात्मक और हँसमुख ढंग से कर लेती हैं। जिसे भी अधिक त्रास झेलने होते हैं, वह विपरीत से विपरीत परिस्थिति में भी मस्त रहना सीख जाता है। 'सिमिऑटिक' (आत्मनिष्ठ) और 'सिम्बॉलिक' (वस्तुनिष्ठ) के बीच के द्वन्द्वात्मक दोलन को सारी सार्थक गतिविधियों का आधार

माना गया है, और यह प्रक्रिया स्त्रियों के त्रास नहीं, आनन्द के अतिरेक का द्योतक भी बन जाती है। वह केवल अभाव और अलैंगिकता के त्रास (lack and castration) से पैदा नहीं होती, विपुलता-बोध और भारमुक्ति के आनन्द का भी उनकी भाषिक अभिव्यक्ति में बहुत अवदान होता है।

एक बार और नये सिरे से याद दिलाना चाहूँगी कि स्त्री-भाषा की सबसे बड़ी ताक़त है त्रास और मुक्ति के आनन्द का समायोजन, तर्क और अन्तःप्रज्ञामूलक उस अर्धविस्मृत भाषिक लय का समायोजन जो गर्भगृह में माँ की देह से छनकर शिशु की देह में उतर आता है–प्रसवकालीन क्रमण और संकुचन, स्तन पकड़ाने-छुड़ाने की लय, बत्ती जलने-बुझने की लय, स्वीकार-निषेध की लय एक तरह से औरतों के जीवन की लय भी हो जाती है और इनकी भाषा भी।

इनकी भाषा मूलतः इन्हीं संवेदनाओं की संवादात्मक गतिविधि बन जाती है। प्रकट मन्तव्य की ऊपरी तहों में यह 'सिम्बॉलिक' होती है और उसके अन्तर्पाठीय दरारों, अधूरे वाक्य-खण्डों, रचनात्मक अन्यथाकरणों और व्याकरण के नियम लाँघ जाने की सहज वृत्तियों में होती है 'सिमिऑटिक'।

यहीं से अभंग स्रोतस्विनी के रूप में अर्थ की पहचान शुरू होती है–meaning as continuum और यहीं से वह संरचनावादी अर्थ के संजात (grid of meaning) से अलग होती है क्योंकि उसका उद्देश्य होता है तादात्म्य, विभेद नहीं! इसी के दम से स्त्रियों की भाषा प्रक्रिया हो जाती है, अर्थ की ठस्स संरचना नहीं। इसी के दम से उनकी भाषा में नये-नये अर्थों की अनुगूँज भी, विकास की, पल्लवन और प्रसार की सम्भावनाएँ हमेशा जीवित रहती हैं।

हालाँकि सामाजिक संवाद के लिए तर्कप्रधान (सिम्बॉलिक) भाषा भी कम ज़रूरी नहीं, पर भाषा का लालित्यप्रधान लीलाभाव, उसकी उमंग, पीड़ा, आत्मविश्वास और आवेग, उसका सर्वसमावेशी, निर्द्वन्द्व और उच्छल अन्तरंग तो उसके सिमिऑटिक (मात्रासंवेदमूलक) ध्वनि-तरंगों में ही प्रकट होता है–तर्क और व्यवस्था में नहीं, हम स्त्रियों की दैहिक और मानसिक राजावट के धक्-धक् बजते हुए द्वन्द्व में। इसी से वह होती है बहुध्वन्यात्मक–गिरजाघर के उस घण्टे की तरह अनुरणन होता है उसमें। लन्दन के फ़ुटपाथों पर सोने वाले डिक विलिंग्टन नामक अनाथ बच्चे को घण्टे की अनुगूँज ले जाती है जागरण की सरहद के पार जागरण तक। इसी घण्टे में उसे वह अस्फुट भविष्यवाणी सुनाई देती है–

"Dick Willington, Poor Dick Willington
Thou shalt be the Lord Mayor of London"

इस तरह सच पूछा जाये तो भाषा अतीत की स्मृतियों और भविष्य की सम्भावनाओं के बीच झूलती हुई रोशनी की रस्सी है जिस पर स्त्रियाँ नंगे पाँवों का कठिन सफ़र नाचती हुई-सी पूरा करती हैं–कुशल नटनियों की तरह।

इस पूरी प्रक्रिया की आहट मैंने इस कविता में दर्ज करने की कोशिश की है:

चिट्ठी लिखती हुई औरत

औरतों के बारे में
माना जाता है
कि वे
चिट्ठियाँ लिखती हैं
धारावाहिक!
इतना उनके भीतर क्या है—
शताब्दियों का संचित—
कि टीक राकस की
पड़ जाती है
उनकी बातों में,
द्रौपदी की साड़ी हो जाती हैं
बातें उनकी?
चिट्ठी लिखती हुई औरत
पी.सी. सरकार का जादू है।
औरत को मिला है ये वरदान—
कि वह कहीं भी बैठी-बैठी
हो सकती है अन्तर्धान।
बस में या प्लेटफॉर्म की उकड़ूँ बेंच पर
ऊँघते-उचकते
अचानक सिहरकर
वह मार सकती है पालथी
और सर्कुलर/ठोंगा/पोस्टर पलटकर
लिख सकती है कुछ भी, मसलन—
कि "बहुत याद आती है, आओ!
पता नहीं कौन
एक छोटी-सी बच्ची है
जो आजकल मेरे दिन बेल देती है
इतने बड़े और बेडौल
कि वे अँटते ही नहीं तवे में
और किनारों के नीचे लपककर
झट चूम लेते हैं
ओठ आग के।

रात के कलेजे में
बजता है सन्नाटा
और एक थर्राहट बजती है–
गिरे हुए पत्ते और खुले हुए पन्नों की"
तेलिया मसान कहता है
'घूम ताक'–
तुमको सुनाई नहीं देता, पागल? देखो न–
घूमकर!
औरतों को डर नहीं लगता
कुछ भी कह जाने में,
उनको नहीं होती शर्मिन्दगी
मानने में
कि उनमें पानी है, मिट्टी भी।
पानी और मिट्टी : इन दोनों में से
किसी का
कोई ओर-छोर नहीं होता।
लिखती हैं औरतें इसी से धारावाहिक चिट्ठियाँ!
पानी और मिट्टी
खुद एक धारावाहिक चिट्ठी ही तो हैं
ईश्वर की–
हम सबके नाम।

काव्यबिम्बों/कथाओं में शरण लेती व्यथाएँ

'कितकित' से हम स्त्रियों का लगाव पुराना है। हाईस्कूल में आने के बाद तक मुहल्ले की सखियों के साथ खुद मैं क़रीब-क़रीब हर समय कितकित खेला करती थी। 'कितकित' इक्कट-दुक्कट (हॉप स्कॉच) का देहाती संस्करण है। धूल-भरा मैदान–उसमें खिपटे की नोक से गड़-गड़ाकर खींचे गये कई आयात–कन्धे से कन्धा मिलाये खड़े आयताकार खाने और उनमें शान से टहलती हुई एक अदद 'चप्पू' गोटी! चप्पू गोटी का कमाल यह कि वह 'चप' से जा बैठे अभीष्ट आयात की गोद में–उछले-कूदे-घूमे-फिरे, मगर आयात की घेराबन्दी माने–लक्ष्मणरेखाओं का मान बनाये रखे। लक्ष्मणरेखाएँ लाँघीं नहीं कि 'आउट'–खेमे के एकदम बाहर–जाति-बहिष्कृत। अभंग मन्त्रपाठ के भाव से एक साँस में हमें लगातार कितकितकित साधनी होती थी–साँस टूटने के पहले चप्पू गोटी लँगड़े पाँव से सरकाते-सरकाते एक तरफ़ कर देना ज़रूरी। यह समूचा कौशल, लँगड़े पाँव का यह कठिन नाच, एक साँस की यह तोतारटन्त और

वे घेराबन्दियाँ धीरे-धीरे हम लड़कियों के जीवन का हिस्सा ही हो जायेंगी—तब कहाँ पता था?

अब तो खैर, हम वैसी चप्पू गोटियाँ नहीं रहीं। समझने लगी हैं कि लक्ष्मणरेखाएँ खींची ही जाती हैं लाँघी जाने के लिए—न लाँघें सीताएँ लक्ष्मणरेखाएँ तो रावणों का वध कैसे हो? 'लक्ष्मण रेखा' और 'उल्लंघन' लव-कुश के जुड़वाँ भाव में साथ-साथ ही पैदा होते हैं—इसकी रामायण भी गवाह है। सीता को मूक आज्ञाकारिता के कठघरे में जड़ने वाले ये न भूलें कि सीता का सबसे बड़ा सच है लक्ष्मणरेखा लाँघ जाना—यानी आपात स्थिति में अपने विवेक के हिसाब से नियमावलियों में परिवर्तन का साहस! निर्णय गलत भी हो जायें तो क्या, निर्णय लिए गये, स्वतन्त्र निर्णय लिए गये—यही बड़ी बात है। दस में एक निर्णय किसका गलत नहीं होता? अपने हिसाब से सीता ने ठीक ही निर्णय किया—किसी को भिक्षा दी, भूखे को भोजन दिया।... और यह इस तथाकथित गलत निर्णय का तेज़ ही था जो बाद में रावण के वध का निमित्त बना! न होता इस निर्णय का तेज़ तो रावण का वध कैसे होता? सीता कठपुतली होतीं तो रावण कैसे मारा जाता? जीवन में दो-चार निर्णय 'गलत' भी हों तो क्या? तत्क्षण 'गलत' दीखने वाले ये निर्णय अक्सर ही किसी बड़े प्रयोजन का द्वार सिद्ध होते हैं।... लोकगाथाओं के सीता और पार्वती आदि मिथकीय चरित्र तो विशेष रूप से खुशदिल, आज़ादख़याल, करुणामय और वाक्पटु हैं। जीवन की कितकित की 'चप्पू' गोटियाँ बनीं—बन्द घेरे में टहलती हुई वे कहीं भी नहीं दीखतीं।

यहाँ जो मैं यह 'कितकित' का क़िस्सा ले बैठी हूँ तो मुझे याद आ रहे हैं कितकित के बाद के सत्रों में सुनी—लोकगाथाओं-लोकगीतिकाओं के हज़ार सप्राण चरित्र जो हम सब स्त्रियों के अन्तर्जगत के स्थायी नागरिक हैं। सम्भ्रम और नैतिक ऊहापोह या किसी खुदरा तकलीफ़ के छटपट क्षणों में ये ही चरित्र आते हैं हमारा हाथ-पाँव सहलाने, सम्बल बन जाने। विश्व-साहित्य तो बहुत बाद में हमारे मन में अपना गोदना गोद पाता है—उसके बहुत पहले लोक-साहित्य से सौगात में मिली 'माटी की मूरतें' ही होती हैं जो सामा-चकवा, कितकित, छुपनछुपाई आदि खेलती फिरने वाली मुझ-सी सामान्य, अबोध लड़कियों में एक नयी जीवन दृष्टि सुलगाती हैं। हम नहीं जानतीं—सुने-गुने कितने चरित्र हैं हमारे भीतर। कुएँ के भीतर कितनी अनसुनी पुकारों की अनुगूँजें टहला करती हैं—यह कौन जानता है।

फिलहाल याद आ रही है एक तेलिन की कथा जो हाल-फिलहाल अख़बार में तीन बच्चों की माँ के बलात्कार की ख़बर पढ़कर सहसा याद आयी।

कथा बस इतनी-सी है कि एक बाल-विधवा तेलिन ने परात के तेल में अपनी परछाईं जो देखी और भाँपा कि उसके बाल अब सफ़ेद हो चले तो चैन की साँस भरकर वह सोचने लगी—'चलो, यह वीरान ज़िन्दगी इज़्ज़त से पार लग गयी। बाल अब सफ़ेद होने लगे! ख़तरे के दिन लद गये।' उसकी यह गुमसुम सोच उसके बूढ़े

बैल ने सुन ली और वह हँसने लगा। बैल की उदास हँसी का मर्म खुला तो तब जब इस घटना के तीसरे दिन ही रूपसी तेलिन को ज़मींदार के गुण्डे उठा ले गये। औरत कभी भी, कहीं भी बेइज़्ज़त हो सकती है। बेइज़्ज़ती की कोई उम्र नहीं होती—

कुछ महीनों की बच्ची से लेकर कुछ बच्चों की माँ-मौसी-चाची तक सरेआम नंगी नचाई जा सकती हैं। साक्षात् चीरहरण न भी हो तो चण्डूखानों के अनर्गल प्रलापों में दुःशासनी ठहाकों और क्लीव कानाफूसियों के बीच मन ही मन चीरहरण हो ही जाता है।

मेरे एक सुधी मित्र ठीक ही कहते हैं कि जनमानस में स्त्रीवाद की सही समझ अभी भी विकसित न हुई तो मर्दों की मर्दानगी ही खटाई में पड़ जायेगी। वह पुरुष ही क्या जो स्त्री की देह और मन की सूक्ष्म तरंगें, उनकी गझिन बनावट, आशाएँ, उम्मीदें, तकलीफ़ें समझे ही नहीं और कहावत का 'भोंदू' ही बना रहे—'भोंदू भाव न जाने, पेट भरे से काम।'

कैसे बनाएगी नयी स्त्री उसको अपना साथी, अपना 'गुइयाँ' जो चपण्डूक हो और गरियण्डा या क्रूर, मुँह पर कुछ कहे, पीछे कुछ, कोई ठहराव ही न हो जिसमें, कोई शील, कोई चरित्र ही जिसका न हो। डगरे के बैंगन को कौन कहेगी अपना पुरुष भला—अब—जबकि स्त्री की आर्थिक परतन्त्रता भी कम से कमतर होती जाती है?

नयी स्त्री को चाहिए एक ऐसा पुरुष जिससे वह भक्त-कवि जनाबाई की तरह मन खोलकर कह पाये—'ऐ माधव, देखो न—/कितने तो काम धरे हैं सिर पर/इतना आटा गूँधना है अभी/इतने कपड़े कूटने हैं—/आओ भी, हाथ बँटा दो थोड़ा/या फिर तुम हेर दो/जुँएँ ही ज़रा—/कुछ तो करो न, कुछ करो!'

('मराठी' की एक पंक्ति के आधार पर पल्लवित।)

तीसरी दुनिया : एक स्त्री का अन्तर्जगत बनाम बहिर्जगत

मुझे इन्तज़ार है। मैं स्वयं को रच रही हूँ। 'मैं' है ऐसी शै जो मुझे अब रच ही देनी चाहिए। मुझे तैयार करना चाहिए अपने-आपको, जैसे कोई भाषण तैयार करता है। मुझे प्रस्तुत करनी है एक तैयार चीज़, ऐसी नहीं जैसी वह थी—जन्म के समय।

—एटवुड

फुटबाल मैच के दौरान स्टेडियम में अचानक उठकर कोई काव्यपाठ करने लगे तो जैसा लगेगा, कुछ वैसा ही असंगत लगता था आज से कुछ दशक पूर्व आर्थिक-राजनीतिक-बौद्धिक विनिमयों में स्त्री को बराबर की हिस्सेदारी की बात उठाना।

इतिहास अपने पूरे दबाव के साथ औरत की छाती पर सवार था। फिर धीरे-धीरे औरत उसका दबाव अपनी छाती पर महसूस करती हुई भी सोचने लगी कि दबाव कितना भी बड़ा क्यों न हो, उसे परे धकेलने की कोशिश तो ज़रूर की जानी चाहिए। अमरीकी विश्वविद्यालयों में समाजशास्त्र की अध्येताओं ने औरत की अस्मिता से जुड़े सवालों के राजनीतिक समाधान ढूँढ़ जूलिया क्रिस्तेवा, इरिगेरे और सिक्सू आदि भाषाविदों ने लाकां, दरीदा और ब्रूनो की मनोसामाजिक व्याख्याओं के सिरे टटोलकर अस्मिता की नयी परिभाषाओं का स्त्री के हित में विनियोग किया और स्त्री 'मन', उसकी 'भाषा', उसका 'कैनन' अलग से परखने की दृष्टि विकसित की। अनुभूतियों के अलग-अलग स्तरों के बीच एक नदी-सी बहती साहित्य की धारा ने अपनी लहरों के पास इस दृष्टि की उठान किसी नये सूर्योदय की तरह देखी।

उत्तर-संरचनावाद ने 'एकलव्य, एकसूत्र, सम्प्रभु व्यक्ति' की पुरानी धारणा की धज्जियाँ उड़ाकर रख दी थीं। एकाधिक, अनिर्णीत, चल उपव्यक्तियों के समुच्चय के रूप में 'व्यक्ति' की स्थापना ने भाषा और अस्मिता, आवेग और पाठ के बीच नयी बहसें शुरू कर दी थीं। ऐसे में जूलिया क्रिस्तेवा ने यह स्थापना दी कि भाषा एक रलगल प्रक्रिया (जैनरेटिव प्रॉसेस) है, अर्थविन्यास का अटल ढाँचा नहीं। मातृसत्तामूलक प्राक्‌एडीपसीय संवेदनाओं की (सिमिऑटिक) लय और पितृसत्तात्मक सामाजिक विनियमितताओं (सिम्बॉलिक) के बीच संवाद है भाषा।

इसी सन्दर्भ में उन्होंने आगे कहा कि चेतना की तीन अवस्थाएँ सम्भव हैं : पितृसत्तात्मक 'सिम्बॉलिक ऑर्डर' से एकात्मता की या मातृसत्तात्मक 'सिमिऑटिक ऑर्डर' से एकात्मता की या फिर इन दोनों के बीच समुचित अन्तर्पाठीय संवाद की। 1968 के पहले का नारीवादी आन्दोलन मातृमूलक संवेदनाओं से प्रभावित होने के कारण यूरोपीय पृथक्तावाद को अपना मूलमन्त्र बनाये था। इस तरह का पृथक्तावाद आत्मघाती हो सकता है, स्वस्थ स्थिति होती है सिमिऑटिक इच्छाओं और सिम्बॉलिक अर्थविन्यासों के बीच सामंजस्य की। इस सामंजस्य-स्थापन के क्रम में 'पहचान' को पर्फार्मिंस बताती हुई वे कहती हैं कि पुरुष-लेखन से सही लेखन का रिश्ता पैरोडीनुमा है : अनुकरण के पीछे भाव जो है, वह है मज़ाक़ उड़ाने का।

कैस्ट्रेशन काम्प्लेक्स का प्रतिवाद करती हुई इरिगेरे कहती हैं कि पुरुष की यौन संवेदनाओं का केन्द्र तो एक ही है—उसका शिश्न, जबकि स्त्री की यौन-तंत्रियाँ उसके पूरे शरीर में बिखरी पड़ी हैं। यदि शिश्न का न होना ही स्त्रियों में कैस्ट्रेशन काम्प्लेक्स को जन्म दे सकता है तो छातियों का न होना पुरुषों को भी यह काम्प्लेक्स देता होगा। यौन-संवेदनाओं के विस्तार के हिसाब से ही पुरुष की सोच एकपक्षीय और एककेन्द्रीय होती है और स्त्रियों की बहुपक्षीय और बहुकेन्द्रीय। यौन-संवेदनाओं का सीधा सम्बन्ध भाषिक संवेदनाओं से है—ऐसा वे मानती हैं।

इसी तर्क का विस्तार करती हुई सिक्सू कहती हैं कि पुरुष डिस्कोर्स में शब्दों की मितव्ययिताओं का सम्बन्ध भी 'लिबिडिनल इकोनॉमी' से है। स्वभाव से ही पुरुष की वृत्ति संग्रह ही होती है, समेटने की; दान की, विस्तार की नहीं। और इस प्रवृत्ति का स्पष्ट प्रभाव उसकी भाषा पर भी होता है। पर ऐसा भी नहीं कि विस्तार और बहुआयामी अर्थविभव सिर्फ़ स्त्री के विमर्श में सम्भव है। पुरुष भी चाहे तो प्राक्एडीपसीय अलिंगी संवेदनाएँ (कारक्युअल इंपल्स) जगाकर उस धरातल तक पहुँच सकता है जहाँ वह अर्द्धनारीश्वर हो जाये और उसका पाठ हो जाये बहुआयामी और बहुकेन्द्रीय। दुनिया के जितने बड़े लेखक हुए हैं—कालिदास से लेकर टाल्सटाय तक—सबमें परकाया-प्रवेश की क्षमता, मेरे विचार से यही वृत्ति जगा पायी। तभी उनके स्त्री-चरित्र इतने प्राणवान बन पाये। बड़ी महिला रचनाकारों के सप्राण पुरुष-चरित्रों के पीछे भी यही तर्क है।

अन्तर्जगत और बहिर्जगत के द्वन्द्वों और तनावों के सही आकलन की यह सम्यक् दृष्टि जितनी पुरुषों के लिए ज़रूरी है, उतनी ही स्त्रियों के लिए भी। पर स्त्रियों का, ख़ासकर तीसरी दुनिया की हम स्त्रियों का, बहिर्जगत अन्तर्जगत पर इतना हावी है कि कई बार हमें सुध ही नहीं आती, चेतना ही नहीं होती, कि हमारा कोई अन्तर्जगत भी है और उसका होना महत्त्वपूर्ण है।

अशिक्षा, अस्वास्थ्य, बेइन्तिहा गरीबी, नून-तेल-लकड़ी तक न जुट पाने का विकट क्षोभ, प्रेमहीन विवाह-बन्धन, असुरक्षित व भावहीन सम्भोग, अनचाहे गर्भ

के अनन्त सिलसिले, साफ़-सुथरे प्रसव और गर्भपात तक ही सुविधाओं का अभाव, मार-पीट, गाली-गलौज, यौन-शोषण, घरेलू बेगार और कहीं-कहीं तो संयुक्त परिवार के तिगुने-चौगुने पुरुष वर्चस्व का दबाव—इन सबके बीच अन्तर्जगत अपनी हाज़िरी लगा ही नहीं पाता, जता ही नहीं पाता कि वह है भी। घुटी हुई सिसकियाँ, पुँछे हुए आँसू उनकी हल्की-सी उपस्थिति दर्ज करते भी हैं तो उन्हें मज़ाक़ का पात्र बनाते हुए : औरतों को और आता क्या है? आदि! बच्चे तक ताना देना नहीं भूलते। और इसमें उनका दोष भी क्या? टेलीविज़न के विज्ञापन बताते हैं कि सुपर मम्मियाँ तो वही होती हैं जो सुपर बायर्स हों—उन्हें तरह-तरह के उपहार ख़रीदकर दे सकने वाली, साफ़-सुथरी, मुस्कुराती, सदाबहार! जो माँ इस कसौटी पर खरी नहीं उतरती, वह भी कोई माँ है। उसे तो कुछ भी कहा जा सकता है, कहीं भी लताड़ा जा सकता है, बराबरी में आँखें दिखाने पर आँखें निकालेगी भी नहीं वह, क्योंकि वह माँ है, पिता तो हैं नहीं, आर्थिक संरक्षण भी इससे हमें नहीं मिलता और अधिकार भी इसके सीमित ही हैं, आदि। इसी तरह आज के इस युग में लड़कों को हाइपर मैस्कुलीन सुपरमैन, स्पाइडरमैन, ही-मैन, मैचो-मैन आदि और बच्चियों को हाइपर फेमिनीन बार्बी गुड़िया आदर्शीकृत करते देखना और भी दुखद है।

बहुत दिन हुए एक कथा सुनी थी एक ऐसे आदमी की, जिसे कुएँ में धकेल दिया गया। मरना वह चाहता नहीं था। कुएँ की दीवार से पीपल की एक टहनी जो निकली थी, उसे ही पकड़कर वह लटक गया। नीचे दिखाई दिया एक मगरमच्छ, नज़र ऊपर उठाई तो दीखा मधुमक्खी का एक छत्ता और उसमें टपकती शहद की एक बूँद भी दीख गयी।... बेचारी टहनी की बिसात ही क्या थी, अब टूटी कि तब टूटी... किसी भी क्षण कुछ भी हो सकता था... पर शहद की उस बूँद के नीचे अपनी जीभ लगा देने का लोभ-संवरण उससे हुआ नहीं... शहद की बूँद नीचे गिर जाने देना उसके पुरुषार्थ को गवारा नहीं हुआ और बूँद उसने जीभ पर ही रोक ली।

यही है हमारी नियति! भारी दहशतों-जलालतों, भाग-दौड़ और मारा-मारी के बीच भी जिजीविषा बनी रहती है, हमारी इन्द्रियों के द्वार खुले रहते हैं। बावजूद बहिर्जगत की सारी वितृष्णाओं, विडम्बनाओं और विसंगतियों के, अन्तर्गत जीवन से रस निचोड़ना नहीं भूलता। भूख कमोबेश वैसी ही लगती है। नींद भी कमोबेश आ ही जाती है। बावजूद हर झटके के, यह मूल इच्छा मरती नहीं कि प्यार करने वाला प्यार करता ही जाये, उसकी संगति छूटे नहीं... उम्मीद जाते-जाते हर बार ठहर जाती है, विश्वास टूटकर भी नहीं टूटते; बावजूद हर मोहभंग के, स्वप्न बने रहते हैं, स्वप्नसन्धान के सिलसिले भी।

तीन दशक धरती पर बीत गये तरह-तरह के फलसफे सुनते-सुनते कि व्यक्ति पंखों के अनन्त विस्तार वाला वह काकातुआ है जो कभी-कभी तो डोर समेत परिवेश के पार उड़ जाता है, पर ज़्यादातर यही होता है कि उसका परिवेश जादू की वह लकड़ी सुँघाकर उसे पालतू बना लेता है।

व्यक्ति-समाज, प्रकृति-पुरुष, सभ्यता-संस्कृति, स्त्री-पुरुष, अन्तर्जगत-बहिर्जगत के द्विचर विलोम और द्विभाजनमूलक प्रपत्तियाँ मन को लगातार पालना झुलाती रहती हैं। जीवन के तीन दशक लाँघ लेने के बाद अन्तर्जगत और बहिर्जगत के बीच सहज सौतिया डाह का मर्म समझने की क्षमता थोड़ी-बहुत तो विकसित हो जाती है, पर प्रश्नाकुलता पूरी तरह छूटती नहीं। जब भी आईना देखा, याद आती हैं *हार्ट ऑफ़ डार्कनेस* की वे पंक्तियाँ : "आई नोटिस्ड शी वॉज नॉट वेरी यंग—आइ मीन नॉट गर्लिश। शी हैड अ मैच्योर कैपिसिटी फॉर फेडेलिटी, फॉर विलीफ, फॉर सफ़रिंग... शी कैरीड हर सॉरोफुल हेड ऐज दी शीवर प्राउड ऑफ़ दैट सॉरो!" (मैंने ध्यान दिया, वह बहुत कमसिन नहीं थी, कम से कम बालिकासुलभ तरुणाई तो नहीं थी उसमें; सम्बन्ध और विश्वास निभाने और दुःख वहन करने की प्रौढ़ता उसमें थी। अपना दुःख-भरा माथा वह ऐसे उठाये रखती थी, जैसे उस दुःख का अभिमान हो उसे...)

अन्तर्जगत और बहिर्जगत के बीच के इस तीन-पाँच का सामंजस्यपूर्ण निर्वाह तीन-पाँच की एक मध्यवर्गीय स्त्री कैसे करती है—यह जान पाना जितना आसान है, उतना ही दुरूह! बच्चे-घर-दफ़्तर, ससुराल-मायका, पति-प्रेमी, परिजन-पुरजन, दोस्त-पड़ोसी, आलोचक-सहयोगी सब मिलकर उसके आसपास सम्बन्धों का इतना जटिल ताना-बाना बुनते हैं कि उसका खुद अपने से ही नाता टूटने लगता है। अन्तर्जगत और बहिर्जगत के बीच पुल लगातार टूटते और बनते रहते हैं और अन्त में उसके भीतर उद्ग्रीव होकर कोई कहता है कि यह नदी तो डूबकर ही पार करनी होगी, इसी में उसकी गरिमा है, इसी में उसका निस्तार। हो सकता है, डूबकर तैरने वालों में से ही कोई सहयात्री हो ले। तार कहाँ टूटेंगे और कहाँ जुड़ेंगे, इसका कोई हिसाब-किताब तो होता नहीं :

वह बिल्कुल अनजान थी
मेरा उससे रिश्ता बस इतना था
कि हम एक पंसारी के गाहक थे नये मुहल्ले में।
वह मेरे पहले से बैठी थी—
टॉफी के मर्तबान से टिककर
स्टूल के राजसिंहासन पर!
मुझसे भी ज़्यादा
थकी दीखती थी वह,
फिर भी वह हँसी!
उस हँसी का न तर्क था, न व्याकरण,
न सूत्र, न अभिप्राय!
उसने फिर हाथ भी बढ़ाया,

और मेरी शॉल का सिरा उठाकर
उसके सूत किये सीधे
जो बस की किसी कील से खिंचकर
भृकुटि की तरह सिकुड़ गये थे।
पल भर को लगा–
उसके उन झुके हुए कन्धों से
मेरे भन्नाए हुए सिर का
बेहद पुराना है बहनापा!

(मार्च 1996)

इस मध्यवर्गीय स्त्री का अन्तर्जगत उसकी अच्छी-बुरी स्मृतियों और सच्चे-झूठे सपनों से भरी एक ऐसी सन्दूकची है जिस पर अगरधत्त भाव से पालथी मार बैठा उसका बहिर्जगत कभी लूडो खेलता है, कभी होमवर्क करता है। बहिर्जगत इतना तो समझता है कि अन्दर कुछ है; कभी-कभी वह सन्दूकची का ताला ठकठकाने से भी बाज नहीं आता, पर उस 'कुछ' में भी उसकी विशेष रुचि जगती नहीं! उसे लगता है कि यह जो अन्दर है, वह कुछ इतना धराऊ और पुरातन है या फिर इतना आदि और अक्खड़ कि घर में कहीं और उसकी जगह तय कर पाना सम्भव नहीं होगा। इसीलिए जो भीतर है, भलाई उसके भीतर ही रह जाने में है। अब कभी-कभी की ताक-झाँक की कौन कहे, वह तो चलती ही रहती है–

मैं एक दरवाज़ा थी,
मुझे जितना पीटा गया,
मैं उतनी खुलती गयी।
अन्दर आये आने वाले तो देखा–
चल रहा है एक बृहत्चक्र–
चक्की रुकती है चरखा चलता है,
चरखा रुकता है तो चलती है कैंची-सूई,
गरज यह कि चलता ही रहता है
अनवरत कुछ न कुछ
... और अन्त में सब पर फिर जाती है झाड़ू–
तारे बुहारती हुई,
बुहारती हुई वृक्ष, पहाड़ और पत्थर–
सृष्टि के सब टूटे बिखरे कतरे जो
एक टोकरी में जमा करती जाती है
मन के कहीं भीतर।

(जनवरी 1991)

अलस्सुबह दो चरखे साथ शुरू होते हैं—एक भीतर, एक बाहर। दोनों का सामंजस्य ऐसा है कि एक पूरब खींचता है तो दूसरा पश्चिम। साथ सोने वाले भी साथ जगते तो नहीं। जागरण में आदमी अकेला होता है। किरणें भी जगी नहीं होतीं कि कहीं किसी सदी से एक अलार्म बजता है, कहीं किसी लोक से एक फ़ोन आता है, जो किसी को सुनाई नहीं देता सिवा उसके जिसे जगना होता है और अपनी ही बजती धमनियों का चोंगा उठाकर ख़ुद के ही किसी दूरवर्ती 'सेल्फ' से कहना होता है—'हलो-हलो—इतने दिन रहे कहाँ? और कहो—कैसे हो?'

धीरे-धीरे धुँधलका छँटता है। 'बिस्तर से उतरते हुए पहले उसी ओर का पाँव ज़मीन पर टिकाना, जिससे साँस आ रही हो।'—बचपन की अतल गुफ़ाओं से आवाज़ आती है। इसका अभिप्राय क्या होगा? अपनी साँसों का तार साधने के पीछे ऋषियों की मंशा क्या रही होगी? हर सुबह एक नयी शुरुआत पुराने रास्तों पर, लेकिन हर सुबह उन रास्तों की मिट्टी का रंग बदला हुआ। अपने ही भीतर की तरंगों की दिशा बदली हुई। क्या तर्क है साँसों के करवट लेने के पीछे? कुछ भी क्या तर्कगम्य है?

मुँह में ब्रश रखते ही एक ख़ास तरह का स्पन्दन कि अनुपम से अनुपम स्वाद भी बासी हो जाता है—कुछ इस तरह कि उसे रगड़-रगड़ धोने की ज़रूरत पड़ जाती है। शरीर की यही सीमा है, जीवन, गति, सन्दर्भ और स्रोत से कटकर स्मृतियाँ तो सुन्दर रह जाती हैं, शरीर सुन्दर नहीं रह पाता—सड़ने लगता है। संवेदनाएँ इसी मायने में महत्त्वपूर्ण हैं कि वे मरकर भी अपने पीछे सड़ाँध नहीं छोड़तीं। बुरी से बुरी स्मृति दहलाती उतना नहीं, जितना अच्छी स्मृति सहला जाती है। बुरी स्मृतियों से पल्ला झटक लेना आदमी के अन्तर्जगत की बहुत ख़ूबसूरत विवशता है, जिसके प्रति हमें चेताया तो फ्रायड ने, पर जिसका आभास हमारे चिन्तकों को शायद पहले से भी था। मुझे तो लगता है, प्रत्यभिज्ञादर्शन के पीछे भी यही मान्यता होगी कि आदमी का अन्तर्मन सुरक्षा-वृत्ति के वशीभूत याद सिर्फ़ वही रखता है जो याद रखने लायक हो। तभी कड़वी स्मृतियों की दाहकता समय के साथ कम हो जाती है, पर सुनहरे क्षणों का सुनहरापन लगातार बढ़ता हुआ हमारे आगे-पीछे दौड़ता है—जीवन के पार भी।

ब्रश करते ही मुँह में भीगी झरबेरियों की गन्ध भर जाती है और जी करता है कि कोई इतना पास आये कि उसे भी अपनी साँसों में झरबेरियों की यह गन्ध महसूस हो! पर सहचर सोये होते हैं—अपनी ही किसी दुनिया में मस्त! सहचर—कितना विचित्र शब्द है! अपनी दो साँसें भी दो क्षणों से ज़्यादा साथ नहीं चल पातीं। सृष्टि के पता नहीं किस नियम से एक रुकती है तो दूसरी चल पड़ती है, एक सोती है तो दूसरी जाग जाती है... एक की गति, दूसरे का पड़ाव बन जाती है! दो अस्मिताओं का एक धरातल पर एक इंटेंसिटी के साथ अधिक देर कायम रह पाना जितनी गहरी साधना की माँग करता है। वह सबसे सध नहीं सकती। इन्द्रियों की सीमा है। जैसे दुःख की सीमा है, वैसे ही सुख की भी सीमा है। एक सीमा के बाद जैसे दुःख

बर्दाश्त नहीं होता और पत्थर बना देता है, उसी तरह सुख भी सहा नहीं जाता और रोम-रोम से बहकर छिन्न-भिन्न हो जाता है। थोड़ा-सा उसका हिस्सा प्रकाश बनकर स्मृतियों में ठहरता है, बाक़ी कुछ टिकता नहीं और टिके भी क्यों, जब जीवन का उत्स ही गति है। पर जो गतिशील हो, चल हो, क्षणभंगुर हो—वही जीवन है, ऐसा भी नहीं। जीवन में कुछ तो है जो टिक जाता है, कभी विचलित नहीं होता, और उसी के स्वतन्त्र विकास के लिए लगातार किसी के आँचल-तले चलना शायद उचित भी नहीं माना गया है और 'हंस अकेला' की धारणा बलवती हुई। सबके साथ चलके भी सबसे अकेला हर संवेदनशील प्राणी होता है, पर स्त्री कुछ अधिक ही—

लोग दूर जा रहे हैं—
हर कोई हर किसी से दूर—
लोग दूर जा रहे हैं
और बढ़ रहा है
मेरे आस-पास का 'स्पेस'।
इस 'स्पेस' का अनुवाद
'विस्तार' नहीं, 'अन्तरिक्ष' करूँगी मैं,
क्योंकि इसमें मैंने
उड़नतश्तरी छोड़ रखी है।
समय का धन्यवाद
कि मेरी घड़ी बन्द है,
धन्यवाद खिड़की का,
कि ऐन उसके सींखचों के पीछे
गर्भवती है चिड़िया।
जो भी जहाँ है—सबका धन्यवाद
कि इस समय मुझमें सब हैं,
सबमें मैं हूँ थोड़ी-थोड़ी।
भाँय-भाँय बजाता है हारमोनियम
मेरा ख़ाली घर!
इस 'ख़ाली' समय में
बहुत काम है।
अभी मुझे घर की उतरनों का
अनुवाद करना होगा
जल की भाषा में,
फिर जूठी प्लेटों का
किसी श्वेत पुष्प की पंखुड़ियों में

अनुवाद करूँगी मैं।
फिर थोड़ी देर खड़ी सोचूँगी
कि एक झाग-भरे सिंक का
क्या मैं कभी कर सकूँगी
किसी राग में अनुवाद?
दरअसल इस पूरे घर का
किसी दूसरी भाषा में
अनुवाद चाहती हूँ मैं
पर वह भाषा मुझे मिलेगी कहाँ
सिवा उस भाषा के
जो बच्चे बोलते हैं–
गले-गले मिल सोये,
पिटे हुए बच्चे,
गालों पर जिनके ढलक आये हैं
एक-दूसरे के आँसू?
इसमें ही हो जायेगी शाम–
किसी सोचते हुए आदमी की
आँखों-सी नम और सुन्दर।
और इस शाम का अनुवाद
इतना ही करूँगी कि उठूँगी–
खोल दूँगी पर्दे।
अन्तिम उजास की
छिटकी हुई किर्चियाँ
पल-भर में भर देंगी
सारा-का-सारा 'स्पेस'
और फिर उसका अनुवाद
'अन्तरिक्ष' नहीं, 'विस्तार' करूँगी मैं–
केवल विस्तार।

(जनवरी 1995)

स्त्री के अभेद्य एकान्त में कम से कम बच्चा तो आता है और जब-तब आ जाता है। उसके मुँह से दूध की नन्ही मुन्नी उल्टियों की जो गन्ध आती है, वह स्त्री को आदिम संवेदनाओं के जंगल से बाहर खींचती हुई लाकर वहाँ खड़ा कर देती है, जहाँ चौका है, सिंक है और अपने पूरे रीति-रिवाजों के साथ हज़ार दिलकश कवायदों के वे सिलसिले हैं, जिन्हें गृहस्थी के झंझट कहते हैं और जो उसके अन्तर्जगत से उसके बहिर्जगत को 'कंसीटों' के झटके से जोड़ता है।

वह रोटी बेलती है जैसे पृथ्वी।
ज्वालामुखी बेलते हैं पहाड़
भूचाल बेलते हैं घर।
सन्नाटे शब्द बेलते हैं, भाटे समन्दर।
रोज़ सुबह सूरज में
एक नया उचकुन लगाकर
एक नयी धाह फेंककर
वह रोटी बेलती है जैसे पृथ्वी।
पृथ्वी—जो खुद एक लोई है
सूरज के हाथों में—
रख दी गयी है
पूरी-की-पूरी ही सामने
कि लो, इसे बेलो-पकाओ
जैसे मक्खियाँ अपने पंखों की छाँह में
पकाती हैं शहद।
सारा शहर चुप है,
धुल चुकी है आख़िरी चूल्हे की राख भी
और वह
अपने ही वजूद की आँच के आगे
औचक हड़बड़ी में
ख़ुद को ही सानती,
ख़ुद को ही गूँधती हुई बार-बार
ख़ुश है कि रोटी बेलती है जैसे पृथ्वी।

(अगस्त 1993)

सोचकर हँसी आती है कि काटना-कूटना, गूँथना, दरकाना आदि क्रोधमूलक कई अभद्र क्रियाएँ चौके में भद्रता का कलेवर कैसे पा जाती हैं। यह मातृ-शक्ति का ही कमाल है कि क्रोधमूलक क्रियाओं का भी इतना सर्जनात्मक उपयोग वह कर लेती है—काटकर, कूटकर, पीसकर, गूँधकर। आलोड़न साधने की कला के सहज विकास में तीन प्राकृतिक पड़ाव आते हैं—एक, पहली बार ऋतुमती होने पर, दूसरा, जब बच्चा गर्भ में मचलता है, और तीसरा, उसके अक्षर-ज्ञान के समय। तीनों अवस्थाओं का एक-एक साक्ष्य ये कविताएँ वहन करती हैं—

कुण्डलिनी-सी जगी बैठी थी
लड़की पलँग पर।
उसकी सफ़ेद फ्रॉक और जाँघिए पर

किस परी-माँ ने
काढ़ दिये थे
कत्थई गुलाब रात-भर में?
और सात बौने
क्यों गुत्थन-गुत्थी
मचा रहे थे
उसके पेट में?
अनहद-सी
बज रही थी लड़की
काँपती हुई।
लगातार झंकृत थे
उसकी जंघाओं में
इकतारे!
चक्रों-सी
काँप रही थी वह—
एक महीयसी मुद्रा में
गोद में छुपाए हुए
सृष्टि के प्रथम सूर्य-सा दीपित
लाल-लाल तकिया।

(सितम्बर 1992)

प्रथम स्राव की इस विचित्र अनुभूति के बाद आलोड़न के सर्जनात्मक विनियोग की दूसरी अवस्था का स्पष्ट साक्ष्य गर्भावस्था के छत्तीस हफ़्तों में हर स्त्री ने महसूस किया होगा—

मेरी भीतर कुछ चल रहा है।
नहीं षड्यन्त्र नहीं, तन्त्र नहीं, मन्त्र नहीं—
क्या पता क्या—
पर कुछ घट रहा है,
जैसे घटती है घटना—कुछ घट रहा है—
नहीं, बढ़ रहा है भीतर-भीतर।
बढ़ रहा है जैसे बढ़ती है नदी
या कि वृक्ष।
नहीं, घर नहीं, दीवार नहीं,
छत भी नहीं, लेकिन कुछ-न-कुछ
ढह रहा है मेरे भीतर।

जैसे नयी ईंट की धमक से
मारे ख़ुशी के—भहर जाता है खँडहर,
देखो यहाँ—बिल्कुल यहाँ—
नाभि के बीचों-बीच—
उठते और गिरते हथौड़ों के नीचे—
लगातार जैसे कुछ ढल रहा है—
जल रहा है—
लोहे के किसी पिण्ड-सा
थोड़ा-सा ठोस, थोड़ा तरल—
कुछ नया और कुछ एकदम प्राचीन
पल रहा है मेरे भीतर।
मेरे भीतर कुछ चल रहा है।

(सितम्बर 1991)

तीसरी अवस्था तक पहुँचते-पहुँचते आलोड़न दैहिक संवेदनाओं के पार जाकर सामाजिक विडम्बनाओं से टकराता हुआ आधिभौतिक प्रश्नों की लड़ियाँ खड़ी कर देता है—

चौखट में अँटता नहीं,
बच्चे का 'क'
बनकर 'कबूतर' फुदक जाता है ज़रा-सा
पंक्ति से उतर जाता है उसका 'ख'
'खरगोश' की खालिस बेचैनी से।
'गमले'-सा टूटता हुआ उसका 'ग',
'घड़े'-सा लुढ़कता हुआ उसका 'घ'—
'ङ' पर आकर ठहर जाता है।
'ङ' के बिन्दु को
वह कहता है—बेटा,
और उसके 'ड' को समझता है माँ!
माँ-बेटे सधते नहीं उससे
और उन्हें लिख लेने की
विकट साधना में
उसके आ जाते हैं आँसू!
जीवन की पहली विफलता पर
छलते हुए उसके आँसू ही हैं शायद
सृष्टि की आदि-वर्णमाला का
प्रथमाक्षर।

(फ़रवरी 1994)

अन्तर्जगत की इन सारी कारस्तानियों का सबसे सजग गवाह होती हैं चौके की दीवारें। कम से कम भारतीय सन्दर्भ में तो चौका ही होता है स्त्री की प्रयोगशाला, वेधशाला और टीकासन, उसका वह बेहद अपना कोना, जहाँ पसरकर वह कुछ भी कर सके। वर्जीनिया वूल्फ़ इसी बेहद अपने छोटे-से कोने को 'अ रूम ऑफ़ वंस ओन' कहती हैं और उसे अस्मिता के विकास की एक अनिवार्य शर्त मानती हैं।

यह अकारण नहीं है कि अक्सर चौके के एक शेल्फ़ पर ही स्त्रियों के छोटे-छोटे हनुमानजी, शिवजी तथा और देवता, पूजा-अर्चना की अन्य सामग्रियों के साथ सजे मिल जाते हैं। धनिया, जीरा, मिर्चा, बेलन, करछी, धूप-अगरु-शंख—सब एक क़तार में। यहीं इसी कोने में उसकी अपनी टूटी-छूटी अस्मिता से कभी-कभी दुआ-सलाम हो जाती है, कभी नहीं भी होती—पर इन मूर्तियों के सामने बहिर्जगत की कड़वी सचाइयों से आँख मूँद अन्तर्जगत की दबी-ढँकी आहटें सुनने-समझने की निश्चिन्तता को सामाजिक सैंक्शन ज़रूर मिल जाता है।

वैसे, कौन बैठने देता है निश्चिन्त? कौन खेलने देता है अपने एकान्त से उस दुधकट्टू लड़की को, जिसे पन्द्रह-बीस की उम्र में हल्दी-वल्दी पोतकर किसी अनजान-से टास्क-मास्टर के साथ हाँक दिया गया कि जाओ और इसके घर के एक-एक प्राणी के साथ सजल सामंजस्य स्थापित करके भी अनवरत चेष्टा में खिलने और फूलने का अवकाश पाये बिना सीधी फल जाओ—गूलर की तरह फलो, इतना फलो कि इनकी भूख तो मिटे ही, इसका घर भी भर जाये, इतना भर जाये कि उसमें खुद तुम्हारी ही जगह न बचे। अकारण नहीं है कि पूजा का वह कोना औरतों का गुड़िया घर, डाकघर, बैंक और जीवन-बीमा कम्पनी—ऑल-इन-वन होता है।

गुरु बन्दा बहादुर हाथ में अपना कटा हुआ सिर लेकर भी युद्धभूमि में कुछ देर दौड़ते रह गये थे। इसे लोकभाषा में कहते हैं—'बाई का झोंक'। और इस 'बाई के झोंक' में स्त्रियाँ अक्सर रहती हैं—इधर से उधर लगातार दौड़ती हुई। इस श्रम की कोई ऐसी क़द्र भी नहीं। यह 'अनपेड लेबर' है, पर इसके पीछे जो भाव है—वह तो है सुन्दर ही—स्नेह का, समर्पण का, सेवा का। फीके ये सब भाव तब पड़ते हैं, जब थालियाँ पटकी जाती हैं, मीन-मेख निकाली जाती है, यह भी देखने की ज़रूरत नहीं समझी जाती कि सबको खिला लेने के बाद खुद उसने कुछ खाया है कि नहीं. .. और उँगली के इशारों पर उसे नचाने की कोशिश की जाती है, कुछ इस भाव से कि नाचेगी नहीं तो जायेगी कहाँ?

जाने की कोई और जगह न भी हो तो क्या? खुद अपने भीतर तो लौटा जा सकता है। अपने भीतर लौटने के रास्ते तो कभी बन्द नहीं होते। अपनी अस्मिता, अपने अन्तर्गत, अपनी सर्जनात्मकता तक लौटना हमेशा ही सार्थक और मुक्तिमूलक होता है। कम से कम जो स्त्रियाँ आर्थिक रूप से स्वावलम्बी हैं, उनके तो शुद्ध 'च्वाइस' और 'गुडविल' का नतीजा है कि चौके चल रहे हैं, पालने झूल रहे हैं,

गृहस्थियाँ चल रही हैं और सिर्फ़ उन्हीं के दम पर! अब लगातार विषम परिस्थितियाँ झेलते-झेलते जो हल्का वैराग्य उतर आया है उनके मन में, वह भी स्वाभाविक ही है–

धीरे-धीरे मेरे कन्धों से
उतर रहा है मेरा घर।
धीरे-धीरे मेरी उतर रही है चमड़ी।
मेरे ये उतरे हुए कपड़े
मेरे ही सामने
घुटनों के बल बैठे
कह रहे हैं कि अब बहुत हुआ,
आओ, सब भूलकर नहाओ,
धीरे-धीरे सारी धुल जायेगी मिट्टी,
और फिर जो कुछ बचेगा–
उसको न घर की ज़रूरत होगी, न ही चमड़ी की।
(जनवरी 1996)

शान्तनु का वरण करते हुए गंगा ने यह शर्त रखी थी कि यदि शान्तनु को उनका कोई व्यवहार तर्कगम्य और युक्तिसंगत नहीं भी दीखे तो वे उन्हें टोकेंगे नहीं, उनसे कोई प्रश्न नहीं करेंगे; जिस दिन उन्होंने उनके व्यवहार की 'असंगति' का मुद्दा उठाया वही दिन उनके दाम्पत्य का अन्तिम दिन होगा। प्रश्न का उत्तर तो शान्तनु पा लेंगे, पर गंगा उन्हें हमेशा के लिए छोड़कर चली जायेगी।

मुझे यह कथा हमेशा मथती रही है। औरत के विवेक पर अकूत विश्वास के औचित्य की यह कथा छह नव-जातकों के चुपचाप गंगा में प्रवाहित हो जाने से शुरू होती है और सातवें (भीष्म पितामह) के जन्म के समय शान्तनु का धैर्य टूट जाने पर ख़त्म। शान्तनु का धैर्य टूटता है और वे गंगा का हाथ थामकर पूछते हैं–"इतना अनर्थ क्यों कर रही हो? इसको तो जीने दो।" गंगा पलटकर देखती हैं। शान्तनु का बच्चा शान्तनु को सौंप देती हैं और जाने की तैयारी करती हुई शाप-विमोचन की वह कथा सुनाना नहीं भूलतीं कि जो हो रहा था, उसमें सबके कल्याण के बीज थे। एक ओर शिशु गंगा में बहता, फिर लम्बे समय तक देश को सुखद भविष्य की आश्वस्ति देने वाला दूसरा तेजस्वी बालक गंगा की ही कोख से शान्तनु पा जाते और गंगा भी हमेशा के लिए शान्तनु के आँगन ठहर जातीं।

पर गंगाएँ आँगन में ठहर कहाँ पाती हैं? शान्तनुओं को कहाँ रह पाता है भरोसा कि गंगाओं के तथाकथित अनर्थ हैं बड़े अर्थवान। और अनर्थों में अनर्थ लगता है उन्हें यह स्त्रीवादी आन्दोलन, जो किसी गूढ़ार्थ की रक्षा की ख़ातिर शिशुओं को धार में बहाने या शान्तनुओं को एक किनारे छोड़ जाने का औचित्य भी प्रतिपादित कर डालता है।

पर कई बार ऐसा भी होता है कि युगों-युगों की जो धूल खुद एक वल्मीक, एक आवरण बन गयी है—उससे निकलना खुद स्त्री को ही गवारा नहीं होता। स्त्री में वह क्या है, प्रकृति की रहस्यमयता से मिलता-जुलता कौन-सा मूल तत्त्व, तो पोशीदा रहने में ही सुकून पाता है? कपड़े पहनने-भर से मन नहीं भरता तो कई परतें अंगराग की भी, जिसे तीन दशक पहले लैक्टोकैलामिन, स्नो और पाउडर कहते थे और अब कहते हैं क्लींजर, मॉएस्चराइजर और सन स्क्रीन...। इतनी परतें आख़िर क्यों? किसी तरह छुपकर रह जाने की इतनी अगाध साध कैसे? आत्म-विश्वास की कमी? सहज संकोच? या पूर्णचन्द्र दीखने की झिलमिल महत्वाकांक्षा, जो कहीं का नहीं छोड़ती और अन्ततः गटर में ला पटकती है या कॉफ़ी हाउसों के आवारा क़हक़हों के बीच, जहाँ इसके कल्पित-अकल्पित ज़ाती सम्बन्धों के क़िस्से अवतल दर्पणों की सारी विकृतियाँ झेलने को विवश होते हैं।

क्या करता है अन्तर्जगत जब बहिर्जगत के दाँत भेड़ियों जैसे हो जाते हैं? या तो उसके भी गह्वरों से कोई लोमड़ी निकलती है—अपने बचाव में टुच्ची चालाकियाँ आजमाती हुई। या फिर भीतर कहीं एक सिंह तत्त्व जागता है, जिसकी अकेली दहाड़ से भेड़ियों के रोएँ भी गिर जाते हैं।

आत्मशक्ति विकसित करने में स्त्रियों के आपसी सम्बन्धों की भी बड़ी भूमिका है। दुनिया के मधुरतम रिश्तों में दो रिश्ते हैं—माँ-बेटी का रिश्ता और बहन-बहन अथवा सखियों का रिश्ता। एक-दूसरे की जुँएँ निकालती हुई, कंघी-चोटी करती हुई, साथ कपड़े पछीटती हुई, सिलाई-बुनाई-कताई करती हुई दो स्त्रियाँ दुनिया की सबसे मगन प्राणी होती हैं। एक-दूसरे के अन्तरंग क्षणों का साक्ष्य उन्हें एक-दूसरे का काउंसेलिंग-सेल और शॉक ऐब्ज़ॉर्बर—दोनों बना डालता है। दो अन्तर्जगत मिलकर जहाँ एक होते हैं, उस बिन्दु का इलैक्ट्रो-मैग्नेटिक फील्ड इतना शक्तिशाली होता है कि उसे भीतर पड़ना कभी सिद्धार्थ की मनोभूमि में होना है, तो कभी कबीर कीः

ते भी अजब दिन थे।
रोज़ सुबह सिद्धार्थ की मुद्रा में
घर से निकल पड़ती थी
घर में सबको औंधे मुँह सोता छोड़कर,
और फिर बस्ती के बाहर
निकलते थे सैर पर
मैं और ईश्वर!...
जब उसने पहले-पहल मुझे छुआ,
दरक गयी घटाओं की छाती।
हूक की तरह उठी पछिया
और मुझे ऐसे सहेजकर समेटा उसने

जैसे आँधी में
कपड़े अंकवार लिए जाते हैं
अलगनी से खींचकर।
मैं सूखा कपड़ा नहीं थी,
मुझमें बहुत बूँदें बाक़ी बची थीं—
यह मैंने जाना उसी दिन,
उसकी भीगी बाँहें गीले कन्धे देखकर।

(मार्च 1996)

अस्मिता की तलाश यहाँ भी पूरी नहीं होती, पर ऐसी पारस्परिकताएँ अन्तर्जगत को समृद्ध अवश्य करती हैं। किसी 'अन्य' में इतना विश्वास हो कि उससे एक सार्थक संवाद, एक सजल आदान-प्रदान सम्भव दीखे—यह घटना इस लोक की एक महत्त्वपूर्ण, बल्कि अद्भुत घटना है, क्योंकि इस 'अन्य' से ही संवाद में भी उस आत्म-संवाद के बीज छुपे हैं जिससे आत्म-साक्षात्कार होता है, आदमी में अपनी पहचान जगती है, एक सूर्योदय होता है कहीं भीतर—

मेरे भण्डार में एक बोरा 'अगला जनम'
'पिछला जनम' सात कार्टन
रख गयी थी मेरी माँ।
चूहे बहुत चटोर थे,
घुनों को पता ही नहीं था
कुनबा सीमित रखने का नुस्खा...
सो सबने मिल-बाँटकर
मेरा भविष्य तीन-चौथाई
और अतीत आधा
मज़े से हजम कर लिया।
बाक़ी जो बचा,
उससे बीन-फटककर मैंने
सब उधार चुकता किया,
हारी-बीमारी निकाली,
लेन-देन निबटा दिया।
अब मेरे पास भला क्या है?
अगर तुम्हें ऐसा लगता है—
कुछ है जो मेरी इन हड्डियों में है अब तक
मसलन कि आग,

तो आओ,
अपनी लुकाठी सुलगाओ!

(सितम्बर 1995)

यह निरा प्रतिक्रियावाद नहीं है। दूसरी-तीसरी पीढ़ी के स्त्रीवादी प्रतिरोधों को निरे प्रतिक्रियावाद से कोई लेना-देना नहीं है। यह एक सुलझी हुई, शान्त-सुव्यवस्थित दृष्टि है समन्वय की—प्रकृति और पुरुष, जल और अग्नि, अन्तर्जगत और बहिर्जगत जहाँ एकलय हैं। अपनी अलग अस्मिताओं के पूर्ण वैभव-समेत। समझने की मूल बात यह है कि स्त्री और पुरुष की लड़ाई का व्याकरण लड़ाई के और व्याकरणों से ज़रा अलग है। सामन्तों और असामियों, पूँजीवादियों और मज़दूरों, औपनिवेशिक ताक़तों और शोषितों के बीच जो संघर्ष होता है उनके हित-निकाय अलग-अलग होते हैं। स्त्री और पुरुष की लड़ाई एक ऐसी लड़ाई है जिसमें प्राकृतिक आकर्षण-विकर्षण-द्वैत अपनी दुरूहता के चरम पर होता है। यह एक मनोवैज्ञानिक युद्ध है जिसके नतीजे तुरन्त नहीं निकलते मगर निकलते हैं तो गम्भीर ही निकलते हैं और सार्थक भी।

बूँद-बूँद रिसती महिलाएँ : एक वर्ग पहेली

कुछ लोग, कुछ प्रसंग, कुछ किताबें झमाझम बरसकर शान्त हो जाती हैं। कुछ आपकी छत से आपके भीतर ताउम्र टपकती रहती हैं मद्धिम लय में, बूँद-बूँद। रह-रहकर सिहर उठते हैं आप! उम्र-भर एक मुलाक़ात चली जाती है।

कभी सोचें तो सिहर उठेंगे सोचकर कि हम पर कितना बड़ा ऋण है अपने आस-पास के उन हज़ार चरित्रों का जो बचपन से लेकर बुढ़ापे तक पत्तों पर ठहरी बारिश की बूँदों की तरह हमारे वजूद पर सिहरे-सिहरे से बरसते हैं और धीरे-धीरे बन जाते हैं हमारे बृहत्तर 'मैं' का हिस्सा!

पीछे मुड़कर देखती हूँ तो लगता है, मुज़फ़्फ़रपुर से लेकर दिल्ली तक स्वाभाविक रूप से मेरे परिचय के वृत्त में कई ऐसे स्त्री-चरित्र आये जो परिवर्तनसजग तो थे, परिवर्तनकामी भी—पर उनके चाहे या उनके किये परिवर्तन की दिशा में एक ढेला नहीं सरका। हाँ, सन्तानें ख़ासकर बेटियाँ उन्होंने समाज को ऐसी दीं जिन्हें चलती भाषा में 'फायरब्रांड' कहते हैं। चिन्तन की प्रक्रिया लम्बी चलती है और उसके किये और कुछ ख़ास घटित हो न हो, उसी की कोख में पलती है एक क्रान्तिकारी दृष्टि।

ये चरित्र मेरे भीतर हिण्डोले की तरह झूले हैं। इन्होंने मुझे गढ़ा है, मैं इन्हें क्या गढ़ूँगी। बस थोड़ा-बहुत 'टच-अप' करके मैं इन्हें आपके सामने रखना चाहूँगी। एक तरह से असूर्यम्पश्याएँ ही रही हैं ये! बहुत ज़्यादा चकाचौंध इनको असहज करेगी, यही सोचकर कविता का छूपछाँही विन्यास ही इनके लिए चुना। कम बोलना, कम दीखना, कम खाना-पीना, कम-से-कम में काम चलाकर अधिक-से-अधिक देना, अधिक-से-अधिक लुटाना, कविता का यह सहज संकोची स्वभाव ही उस पीढ़ी की उन स्त्रियों के ज़्यादा अनुकूल पड़ेगा—यह सोचकर भी ये चरित्र मैंने कविता में ही ढाले हैं। एक-एक कर आपसे मिलाऊँगी। अगर कहीं से आपका मर्म ये छू पायीं तो यह आवेग भी आपके भीतर जगेगा ही कि जो जड़ताएँ इनका प्यारा-सा चरित्र घुन की तरह खा गयीं, उनके ख़िलाफ़ संघर्ष कितना ज़रूरी है।

इस प्रसंग में पहला चरित्र है जलेबा बुआ का। मेरे मुहल्ले में सामने की क़तार वाला चौथा घर उनका नहीं, उनके पति का था। बाक़ी उनका पता आपको कविता ही देगी—

पतिव्रता

जैसे कि अंग्रेज़ी राज में सूरज नहीं डूबता था,
इनके घर में लगातार
दकदक करती थी
एक चिलचिलाहट।
स्वामी जहाँ नहीं भी होते थे–
होते थे उनके वहाँ पंजे,
मुहर, तौलिए, डंडे
स्टैम्प-पेपर, चप्पल-जूते,
हिचकियाँ-डकारें-खर्राटे
और त्योरियाँ-धमकियाँ-गालियाँ खचाखच।
घर में घुसते ही
ज़ोर से दहाड़ते थे मालिक और एक ही डाँट पर
एकदम पट्ट
लेट जाती थीं वे
दम साधकर,
जैसे कि भालू के आते ही
लेट गया था
रूसी लोककथा का आदमी
सोचता हुआ कि मर लेते हैं कुछ देर,
मरे हुए को भालू और नहीं मारेगा।
एक दिन किसी ने कहा–
'कह गये हैं जूलियस सीजर
कि बहादुर मरता है केवल एक बार,
कायर ही करते हैं
बार-बार मरने का कारबार।
जब तुमने ऐसी कुछ गलती नहीं की,
फिर तुम यों मरी हुई बनकर क्यों लेटी?'

तबसे उन्हें आने लगी शरम-सी
रोज़-रोज़ मरने में...
एक बार शरमाती, लेकिन फिर कुछ सोचकर
मर ही जातीं,

मरती हुई सोचतीं—
'चिड़िया ही होना था तो शुतुर्मुर्ग क्यों हुई मैं,
सूँघनी ही थी तो कोई लाडली नाक मुझे सूँघती—
यह क्या कि सूँघा तो साँप।'
और कुछ दिन बीते तो किसी ने उनको पढ़ाई
...गाँधीजी की जीवनी,
सत्याग्रह का कुछ ऐसा प्रभाव हुआ,
बेवजह पिटने के प्रतिकार में वे
लम्बे-लम्बे अनशन रखने लगीं।
चार-पाँच सात शाम खटतीं वे निराहार
कि कोई आकर मना ले,
फिर एक रात
गिन्न-गिन्न नाचता माथा
पकड़े-पकड़े जा पहुँचतीं वे चौके तक
और धीरे-धीरे ख़ुद काढ़कर
खाती बासी रोटियाँ—
थोड़ा-सा लेकर उधार नमक आँखों का।
तो, सखियो, ऐसा था कलियुग में जीवन
पतिव्रता का....
आगे की कथा
सती के ही मुख से
सती की व्यथा—
नहीं जानती कि ये क्या हो गया है,
गुस्सा नहीं आता।
मन मुलायम रहता है
जैसे कि बरसात के बाद
मिट्टी मुलायम हो जाती है कच्चे-रास्ते की!
काम बहुत रहता है इनको।
ठीक नहीं रहती तबीयत भी।
अब छाती में इतना ज़ोर कहाँ—
चिल्लाएँ, झिड़कें या पीटें ही बेचारे!
धीरे-धीरे मैं भी हो ही गयी पालतू।
बीमार से रगड़ा क्या, झगड़ा क्या,
मैंने साध ली क्षमा।

मीठे लगते हैं खर्राटे भी इनके।
धीमे-धीमे ही कुछ गाते हैं
अपने खर्राटों में ये।
कान लगाकर सुनती रहती हूँ—
शायद मुझे दी हो सपनों में आवाज़।
कोई गुपचुप बात मेरे लिए दबा रखी हो
इतने बरसों से अपने मन में—
कोई ऐसी बात
जो रोज़ इतने दिन
ये कान सुनने को तरसे...
कोई ऐसी बात जिससे बदल जाये
जीवन का नक्शा,
रेती पर झम-झम-झमक-झम कुछ बरसे...।।

पिछली बार छुट्टियों में जो उनसे मुलाक़ात हुई तो भी यही उनका हाल मैंने देखा। कहाँ क्या गड़बड़ हुआ? आइए हम मिलकर सोचें! क्या एक जलेबा बुआ हम सबके भीतर हैं? अब हम उनका क्या करें?

आख़िरी हिचकी

पुरोवाक् : *इस स्त्री से मेरी मुलाक़ात एक सरकारी अस्पताल के महिला वार्ड में हुई। तीन महीने से वहाँ भर्ती थी—कीमियोथैरेपी चल रही थी इसकी। कैंसर के रोगी के तीमारदार थक तो जाते ही हैं। कई बार ऐसा होता था कि कोई नहीं होता था इसके साथ। इस ख़ालीपन की भरपाई वह ऐसे करती थी कि ख़ुद ही उठकर अन्य रोगियों की देखभाल लगती थी करने। कहाँ से आती थी उसके पास हँसने-बोलने की ऊर्जा? कहाँ से जगता था उसका यह तेज़—राख-राख हुई जाती क्षीण साँवली काया में?*

सुनीता, केयर ऑफ़ भूपेन्द्र सिंह,
ग्राम करौली, ज़िला बिजनौर, डाक-मोहनपुर, फ़ोन : 951341-53007

"शाम
के बख़त, लाइट जलने के बाद,
निहोरा कर सकते हैं कि बुला लाओ
डेरे से बगल के, मुरारी की अम्मा को :
गाय का घी भेज देंगे हम मटके में
जब आर्डर दोगे। 'सातवीं जमात तक पढ़े हैं' "
—यह बोली थी
मेरी दस दिन पुरानी सहेली
सरकारी अस्पताल में
बगल के बिस्तर से
बोली थी आख़िरी हिचकी के
सात मिनट पहले।
मैंने पलटकर देखा कि ये हुआ क्या,
क्यों हो गयी चुप अचानक वह—
कुछ-कुछ कहती रहती थी तो
बहला रहता था जी सबका—

दस दिनों में खोल डाले थे जीवन के
सात-आठ अध्याय—
अध्याय क्या थे,
वे थे सींक की *पउती का आईना
जिसमें प्रतिबिम्बित था जीवन हम सबका।
इस पउती में
        आईने के सिवा
थी कड़वे तेल की छोटी-सी शीशी
        और कंघी थी, बिन्दी थी।
जब कंघी चलती नहीं थी
धूल और पसीने से चिकट हुए बालों में—
पेशाब की प्लास्टिक थैली सँभाले हुए
बड़े नाज-नखरे के साथ सुनीता
बिस्तर से उठ बैठती थी
और थोड़ा-थोड़ा रख देती थी
        केश-गुंजलक में सबके
        अपना वह सरसों का तेल।
कोई नहीं था उसके साथ।
एक बार दवा घटी तो
ड्रिप उठाये ख़ुद ही चली गयी सुपर बाज़ार
सिर्फ़ अपनी ही नहीं,
        हम सबकी वो ही थी तीमारदार।
उस पर सौ जान से फ़िदा था
        जो पहाड़ी चौकीदार—
उसके यों चट से मर जाने पर
चार-पाँच दिन किसी से भी नहीं बोला,
खाया-पिया भी नहीं शायद,
        भकुआया खड़ा रहा चुपचाप।
बचपन में हम खेला करते थे 'स्टैचू'—
यह होती थी मरने की एक्टिंग ही शायद।
पत्थर का बुत बन खड़ा रहना :
        कोई गुदगुदी भी करे तो

---

* शृंगारदान जो मिथिलांचल में सिन्दूर-टिकुली-आलता-बिन्दिया-आईना वगैरह के साथ औरतें दहेज में पाती हैं।

हिलना, न डोलना।
तो क्या चौकीदार से
'स्टैचू' खेल रही थी
जाड़े की पक्की खिलन्दड़ी हवा और ये अपनी सुनीता?
ड्रिप की सुई से
हम सबकी नसों तक
टप-टप-टप
टपक रहा था वक़्त
गयी रात सबके सो जाने पर।
बिस्तर के पास खड़े
लँगड़े तिपहिया डंडे से
उल्टी लटकी थीं जो बोतलें—
उनमें क्या जीवन भरा था?
कब ख़ाली हो जाये कौन-सी बोतल—
ये किसको पता था?
तीमारदारों का सबसे बड़ा काम
शायद ये ही था :
झपकियों की झड़ी के
बीच उठकर यह देखना बार-बार कि
ड्रिप की बोतल में पानी की छाती पर
चढ़ बैठा शून्य तो नहीं।
क्या जाने कहाँ से भटककर
कमरे में आ अटकी
गौरैया की ही लय में
गोल-गोल घूम रही थी
अपनी सुनीता की अन्तिम वह हिचकी।
उसकी छुक-छुक-छुक-छुक सोचों में
पटरी से अचानक उतर आयी
क्या अन्तिम सोच रही होगी?
याद उसे आया होगा
कोई उत्तप्त चुम्बन
या याद आयी होगी
कोई बिसाइन गाली?

एक परित्यक्ता की मौत

पुरोवाक् : *यह जीवन्त महिला 1994 में अचानक जब कहीं मिलीं, इन्हें मेरे बारे में कई गलत-सलत सूचनाएँ किन्हीं कूटनीतिक विदुषी ने दे रखी थीं। मुझसे, मेरे घर के और लोगों से मिलकर ये उल्टे पाँव उनके पास गयीं, ख़ूब झगड़ा किया कि चण्डूखाने की गप्प में महिलाओं को तो शिरकत नहीं करनी चाहिए, आकर दोबारा मुझसे गले मिलीं पर मुझे कुछ भी बताया नहीं। उनकी अप्रत्याशित मौत के बाद किसी और ने मुझे बतायी यह घटना और मैं अवाक् रह गयी। बाद के चार-पाँच सालों में वे प्रायः हर सुबह नेहरू पार्क की अपनी सैर के बाद मुझसे मिलने मेरे घर आतीं। सुबह की चाय हम साथ ही पीते, बार-बार वे कहतीं—"मुझे फिर से 'किंग लियर' पढ़ाओ। शानदार बुढ़ापे की खोज में हूँ। शानदार बूढ़े मुझे अच्छे लगते हैं।" तीन-चार बार हमने शेक्सपीयर का यह नाटक साथ पढ़ा। और भी क्लासिक्स साथ पढ़े।... अपने बीमार पड़ने के तीन हफ़्ते पहले इन्होंने घर बुलाकर मुझे अपने बहुत से ब्लाउज और छल्ले दिये। वे आज भी मेरे पास हैं। एक ब्लाउज मैं पहनती भी हूँ। इससे उनके मेरे पास होने का एहसास घना होता है।*

जिस दिन वे गुज़रीं—
शहर में यातायात ठप्प था।
सरकारी वाहनों की हड़ताल थी,
और दुश्वार हो गया था
            आदमी का आदमी तक—
या उसकी छोड़ी हुई देह तक भी पहुँचना।
'छोड़ी हुई' यह सकर्मक क्रिया है
जिसमें 'अकर्मक' की आहट है हल्की-सी।
'कौन किसे छोड़ता है, विनीता दी'
एक दिन मैं बोली,
'आदमी खाना-पीना छोड़े—यह सम्भव है।

सम्भव है—वह आना-जाना भी छोड़े,
हँसना-बोलना, मानना-रूठना,
सारी हाँ-हाँ, ना-ना—
छोड़ दे—सम्भव है
थोड़े समय के लिए सम्भव है सब कुछ—
पर आदमी छोड़ दे आदमी को—
इतनी तो उसकी मजाल नहीं होती।'
वे बोलीं—'मुझसे ज़्यादा तो मेरे छोड़े जाने का
तुमको ही सन्ताप है—
क्या सम्भव है, क्या असम्भव—
क्या पुण्य, क्या पाप है—
और कुछ छूटे-न-छूटे,
पर छोड़ो तुम यह सब।
देखो तो वह पेंटिंग।
स्याह-सफ़ेद गाउनों में
वकीलों की तरह मुस्तैद
कहाँ जा रही हैं पेंग्विनें?
कौन केस फरियाना है उनको—
सोचो तो।
काकातुआ कहते हैं पेंग्विनों को न?'
मैं असहमत होती,
उसके पहले ही वे
आत्मा की सारी शक्ति, सारा विश्वास
आँखों में केन्द्रित कर
पूरी आश्वस्ति से बोलीं—
'नहीं-नहीं, तुम नहीं जानतीं—
काकातुआ ही हैं पेंग्विनें।'
मैंने भी पूरे ही आदर से
सिर झुका लिया—
इतना भरोसा अगर हो तो—
क्या कुछ नहीं हो जा सकता—
काकातुआओं का पेंग्विन का पर्याय बन जाना
तो चीज़ क्या है,
भोले भरोसे तो कर सकते हैं सृष्टि

इधर से उधर।
कभी-कभी कहतीं वे–
'चीज़ें ख़त्म होने लगती हैं तो
मीठा बजता है कनस्तर।
जलतरंग बन जाती हैं
क्रमशः ख़ाली होती प्यालियाँ,
झुनझुना बन जाता है
गेहूँ का घुन-खाया दाना,
लेकिन रिश्ते चुकने लगते हैं तो
मीठा नहीं बजते।
भाँय-भाँय बजता है उनमें सन्नाटा
थोथे चनों का।
शब्दों से सींग भिड़ाने लगते हैं शब्द,
हाथापाई करने लगते हैं मन्तव्य।
विस्फोट पैदा करती है माइक्रोकणिका,
विस्फोट पैदा करती हैं सम्भावना
कम से कम
रिश्तों के चुकने की,
मैं क्या थी–
रुई की छोटी सी गठरी थी–
टूट तो नहीं सकती थी,
इसलिए छूटी
बीच रास्ते में
जब बारिश हुई–
और फूल-सी हल्की इयत्ता मेरी
अंगद के पाँव बन गयी।
होता है ऐसा भी कभी-कभी
गजराजों को बेहद परेशान
कर देती है
जाने-अनजाने
एक छोटी-सी चींटी।
कुछ-कुछ कहते-सुनते
हम जाते
अलस्सुबह चाय पी आने
सरोजिनी नगर के

एक ढाबे पर।
बातों-बातों में वे कहतीं—
'तुम, लेकिन, अपना बचाना घर।
क्या हाल है घर का?'
मैं कहती—'इतवार को होती हैं बातें—
वह भी छिटपुट-छिटपुट।
बाक़ी छह दिन बातें
उमड़-घुमड़ रह जाती हैं भीतर।'
वे कहतीं—
'इस शहर में यही दिक़्क़त है।
हे भगवान,
इस साल अच्छी बारिश करना
बातों की,
शब्दों की खेती नहीं बिलटे।
अच्छी फ़सल हो,
कुछ चहल-पहल हो,
कुछ उगे-जगे, फूले-फले
तो सुखाड़ मिटे।'
छोड़ जाना-छूटना
लम्बी प्रक्रिया है न।
हाँ, छूट जाते हैं रास्ते कईऽ
कलमें, रुमाल और तौलिए
अक्सर ही जाते हैं छूट सफ़र में,
छूटते-छूटते छूट जाती है
चमड़ी भी कभी एक दिन
लेकिन—
लेकिन छूटीं ही वे—
अगर मान ही लें कि छूटीं
तो छूटीं ऐसे
जैसे कि छूटते हैं बच्चे स्कूल से।
एक गेट अचानक खुला
और रेला-सा उमड़ा—
भाग-दौड़, पकड़-धकड़ के बीच
घुट-घुट घुटी हँसी का,
और देखा सबने—

अपना भारी बस्ता,
अधखाया टिफिन,
और अधखुली चोटी डुलाती
आठ बरस की एक बच्ची
कभी नहीं रुकने वाली
एक एक्सप्रेस बस पर
चढ़कर
पार क्षितिज के गयी—
ख़ूब मन-भर खेलकर
ज़िन्दगी से
इक्कट-दुक्कट।

पार्क में बुढ़ापा

'आज का समाचार देखा?'
'बच्चों के इम्तिहान हैं, टीवी खुली नहीं।'
'अख़बार भी नहीं मिला?'
'जिनको दफ़्तर जाना है—उन सबके पढ़ने के बाद दोपहर में पढ़ती हूँ
चैन से मैं अख़बार—
तो इसमें क्या है ख़राबी?
समाचार रोटी नहीं होते,
बासी होकर भी नहीं ऐंठते।'
'अच्छा, बोलो—दर्द कैसा है?'
'उस मरहम से कुछ आराम तो हुआ। और आपकी आँख का मोती कैसा है?'
'ओ, मोतिया! मोती तुम इसे कह रही हो? मोती मुँह से तुम्हारे झड़ते हैं।
अगले महीने मेरा छोटा बेटा आयेगा।
तभी कराऊँगा मैं ऑपरेशन इस मोतियाबिन्द का।
जो भी बच्चा रहता है दूर, कभी-कभी आता है—
वह सेवा से थोड़ा कम ऊबता,
थोड़ा कम घबराता है।'
'एक बात बहुत दिनों से
कहना चाह रही हूँ—कह दूँ?'
'बेशक, बोलो बेधड़क—
कहने को अलग हैं हमारे परिवार,
लेकिन सुबह-शाम, हर रोज़
पार्क की हरी फ़र्श
और यह नीली छत
एक ही बना देती है अपना घर-बार।'
'तो फिर सुनो—

जब तक हम दोनों ज़िन्दा हैं–
ज़िन्दा है हम दोनों के बीच
हरियाली का यह एहसास
बच्चों की मुँहतक्की क्या?
जैसे ग़रीब आदमी
बचा-बचा रखता है
अपनी खुद्दारी–
मैं तुमको रखूँगी,
तुम भी मुझे रखना–
इस बैंगनी छाया में
कम से कम इस जीवन-भर।'
'...और सात जन्मों के साथ की देता दुहाई
दूल्हा तुम्हारा जो मुझसे निबटने आयेगा इस जीवन के पार?'
'उससे कह दूँगी–
जीवन-भर जो तुमने तंग किया–
उसका बदला मैंने ऐसे लिया–
हर करवा चौथ के दिन
छुपकर खाया
मैंने मिरिच का अचार।'
'अच्छा, इतने से ही हो जाती है
सात जनम की छुट्टी-कुट्टी?
सेवा तो उसकी, वैसे, तुमने
मरते दम तक बहुत की थी।'
'कोई-कोई बात तो उसमें प्यारी भी थी।
दिल का था ठीक-ठाक,
कुल मिलाकर देखा जाये तो
मैं उससे भी प्यार ही करती थी, पर इतना तो है बिल्कुल निश्चित–
अब किसी जन्म में मैं उसका
साथ नहीं चाहती।
याद उसे करते ही याद आ जाता है–
कब-कब, कैसे-कैसे
उसने मेरी बिना मतलब ही कितनी मरम्मत की,
कुत्तों की ही तरह दुत्कारा-पुचकारा,

पुचकारा-दुत्कारा रह-रहकर
और इस डर से कि उसका ब्लड-प्रेशर
बढ़ जायेगा
और छिन जायेगा मेरा भी आसरा—
प्रतिरोध में मैंने कूं-कां भी कभी नहीं की।
दूर से प्रणाम किया करने का भी
एक रिश्ता वैसे होता है—
मदर डेयरी खुल गयी है।
पोता भूखा बैठा होगा।
अच्छा, इसी बात पर
तुम्हें भी राम-राम।'

कई वर्षों से मन में यह घुमड़ रहा था कि हमारे इस संक्रमणशील समाज में सबसे ज़्यादा बदली है साँझ की अवधारणा—जीवन की साँझ भी अब वैसा घनघोर अस्ताचल नहीं होती। आज सुबह सैर से लौटकर जब ऊपर वाली कविता लिखी—एक साथ याद आ गये ऐसे व्यक्तित्व जिन्होंने धूप में अपने बाल सफ़ेद नहीं किये, जीवन की सब ऊँच-नीच झेलकर जिन्होंने एक ख़ास तरह का ठहराव अर्जित किया और एक ख़ास तरह का महीन ह्यूमर भी जो गहरे विडम्बना बोध से पैदा होता है।

चिकित्साशास्त्र के नये अनुसन्धान औसत-आयु विस्तार तो कर ही गये हैं, सैर-वैर के प्रति एक ख़ास तरह की जागरूकता भी फैली है। 'सैर' एक महत्त्वपूर्ण 'ब्रीदिंग स्पेस' देता है—विशेषकर उन महिलाओं को जिन्होंने सारी जवानी घरेलू बेगार में बिताई है, जवानी-भर एक तरह की असूर्यम्पश्याएँ ही रही हैं जो। आसमान देखा भी है खिड़की से ही। आँगन की नाली के सेवाल के रंग-परिवर्तन से उन्हें वसन्त के आगमन की सूचना मिली है। एक दौर ऐसा भी आया जब शहरीकरण की प्रक्रिया में तेज़ी के साथ बाप-माँ होलडॉल और देवदार की बड़ी पेटियों-गठरियों के संग लदे-फँटे बेटे की नयी नौकरी पर शहर आ गये। बूढ़े बापों ने तो फिर भी अपनी कामचलाऊ हिन्दी-अंग्रेज़ी के साथ ताशों के अड्डों या चाय-पान की गुमटियों पर नये सम्बन्ध विकसित किये पर वृद्धाएँ? वे तो जैसे गूँगी ही हो चलीं... फिर धीरे-धीरे सब्ज़ी वाले, दूध वाले, कबाड़ी और दो-एक पड़ोसी/पड़ोसिनों के साथ उनका जो छिटपुट संवाद शुरू हुआ, उसमें नये तरह के सम्बन्ध-विस्तार की अच्छी-ख़ासी गुंजाइश होने लगी।

तीसरी दुनिया में वृद्धाओं का यह स्वतन्त्र सम्बन्ध विस्तार एक बड़ी घटना है। पारिवारिकता का तंग घेरा कई बार दमघोंटू हो जाता है—चुस्त बनियान की तरह। दम घुटने लगे तो साँस बड़ी खींचनी ही पड़ती है—विस्तार बड़ा करना ही होता है। गाँवों और छोटे शहरों में यह विकसित होता था पूरे मोहल्ले की अम्मापन्थी, चाचीगिरी,

बुआपन, मौसीपन, दादी-नानीगिरी के रूप में। चालीस-पचास के बाद वहाँ लिंग-बोध से ऊपर उठ जाना मामूली घटना है। हमारे मिथिलांचल में तो तीस-पैंतीस तक ही औरतें सास बन जाती हैं—ख़ासकर बेटियों की माँएँ—और बेटियों की डोली उठ जाने के बाद लिंग-बोध से इतना ऊपर उठा हुआ उन्हें माना जाने लगता है कि कंचुकी/जंपर/ब्लाउज पहनने की ज़रूरत ही उन्हें महसूस नहीं होती। ज़्यादातर स्त्रियाँ बेटी की शादी के बाद ब्लाउज पहनना छोड़ देती हैं—यह एक तरह का आरोपित संन्यास होता है। एक प्रतीकात्मक उद्घोष कि अब मुझे औरत-वौरत न समझे कोई, बहुत दिन निभा दी औरतगिरी और अब मुक्त हुई। घर-घर घूमूँगी, मुफ़्त परामर्श बाँटती, अकुण्ठ शुश्रूषा साधती, झगड़े सुलझाती, शादियाँ लगाती... । पुरधायन कहते हैं इनको। जर्मेन ग्रीयर का 'द फीमेल यूनक' पढ़ते हुए मुझे अपने मिथिलांचल की ऐसी कितनी पुरधायनें याद आयीं जो गीतों/कहानियों/चुटकुलों और मज़ेदार पहेलियों का अनन्त कोष हुआ करती थीं। धारावाहिक उनके क़िस्से चलते थे...।

पारिवारिकता के घेरे के बाहर वृद्धाओं का स्वतन्त्र सम्बन्ध-विस्तार शहरों में भी अक्सर लिंग-बोध से ऊपर उठा हुआ ही होता है, पर कई दफ़ा उनमें भावनात्मक संरक्षण लेने-देने की एक साध भी अघोषित भाव से ऐसे उग जाती है जैसे कि दीवार पर घास। लेने-देन की यह पारस्परिकता स्त्री-पुरुष सम्बन्धों की विशिष्ट आँच से यह भी हो तो कुल मिलाकर आत्मा का आयतन बढ़ाने वाली ही होती है। अनादर, उपेक्षा, द्वेष, ईर्ष्या और अन्धी स्पर्द्धा की मारी हुई इस दुनिया में जब हर व्यक्ति, हर प्रसंग एक बिदके हुए घोड़े की तरह हमारा समूचा वजूद कुचल डालने को उद्यत घूम रहा हो—आहत अहं पर कितना बड़ा मरहम है कि कोई तो है जो मेरी कदर करता है, जिसकी आँखों में एक चमक पैदा होती है मुझे देखकर, जो मेरी उपादेयता, मेरी भलमनसाहत, मेरी पात्रता पर प्रश्नचिह्न नहीं लगाता।

एक अन्तःकथा

पुरोवाक् : *1995 में मेरी इस लड़की से जेएनयू के गर्ल्स हॉस्टल में मुलाक़ात हुई थी।*

नवम्बर में यूपीएससी का मेन्स इसे देना था और अक्टूबर में माँ का तार मिला कि पिता फिर घर में एक दूसरी स्त्री ले आये हैं—और वे जा रही हैं वैद्यनाथधाम—शिवजी के दरबार में धरना देने। अभी तीन महीने पहले ही इसका अपना डेढ़ बरस पुराना 'अफेयर' टूटा था। उसकी उस समय की मनःस्थिति का ग्राफ़ शायद यह कविता खींच पाये :

यूपीएससी की तैयारी में हिन्दी :
जेएनयू गर्ल्स हॉस्टल : एक अन्तःकथा

'कर्ता-ने
कर्म-को
करण-से
सम्प्रदान-को, के लिए
अपादान-से
सम्बन्ध-क, के, की, रा, रे, री
अधिकरण-में, पे, पर'
ये चिह्न हैं कारक के।
पर कारक किसके हैं कारक?
इनके किये क्या हो जाता है?
'पेड़ से पत्ता गिरा :'
'बच्चा घर से पाठशाला गया'
कोई कहीं से जो टूट रहा होता है,
छूट रहा होता है संग-साथ
तब जिस 'से' का प्रयोग होता है

कहलाता है पंचमी तत्पुरुष।
तत्पुरुष या दूसरा पुरुष
जब गहता है बाँह पंचम की—
उसमें निहित होती है एक अन्तरिम व्यथा
जल्दी ही साथ टूट जाने की!
वियुक्त होना ही होती है उसकी नियति।
मिलने के पल से हो जाती है शुरू प्रक्रिया
साथ छूटने की।

किसलय के पहले किशमिशी
कशमकश से ही
किश्त शुरू होती है
पतों के डार से बिछुड़ने की।
लो, ये मुझे क्या हुआ?
व्याकरण पढ़ते-पढ़ते
मैं भी बिखेरने लगी
कैसे अनुप्रास की छटा।
'हेतु हेतु मध्यभूत', बाबा रे बाबा!
भूतकाल का यह अन्तिम भेद भी
किसी भेदिए भूत की तरह
बचपन से ही मेरे पीछे है लगा हुआ।
कि ये होता तो वो होता,
होता अगर ऐसा तो वैसा ही हुआ होता—
शशोपंज है, गालिबल, मेरी शाश्वत समीक्षा।

मेस में फिर कद्दू बना होगा।
'जैसे उड़ि जहाज़ को पंछी
पुनि जहाज़ पे आवै—

मेरो मन अनत कहाँ सुख पावै।'
माँ का भी जीवन-भर ये ही तो क़िस्सा रहा।
घण्टे-दो घण्टे किसी मन्दिर-मस्जिद के पिछवाड़े
या किसी ख़ाली-से बस-स्टॉप पर बैठकर
बार-बार घर लौट आती थीं।

दालान में देर तक गूँजती रहती थी एक आ-हा-हा-
'घूम आयी, निकल गयी हेकड़ी?'
सोचती हूँ, सुख क्या ख़ुद भी एक पंछी नहीं है?
पंछी जहाज़ का : बेहद उड़नछू?
और क्या है आज़ादी?
बीच रास्ते किसी जाल में फँसा
छटपट-सा डाक-कबूतर?

पुनश्च : आज यह लड़की मणिपुर में कहीं ज़िलाधीश है। लाख कोशिश करती है कि माँ उसके साथ आकर रहें, मगर वे नहीं आतीं। उनका सुख पति के चरणों में ही है। बीच-बीच में आकर 'दूधो-नहाओ, पूतो फलो' का आशीर्वाद देती हैं, फिर वापस वहीं—'तुम्हारा घर-संसार क्यों तबाह करूँ? बेटी हो, बेटा तो नहीं हो। तुम्हारे बाप के घर पिटती भी हूँ तो 'उठल्लू' नहीं दीखती। यहाँ चपरासी, तू और तेरे बाल-बच्चे आरती लेकर खड़े रहते हैं तो भी दामादजी और दुनिया वालों की निगाह मुझे लगातार यह जता देती है कि यह मेरा घर नहीं। वहाँ वह तेरे बाप की दूसरी है 'बाहरवाली', यहाँ तो ख़ुद मैं ही हूँ बाहरी। समाज का सैंक्शन बड़ा सैंक्शन है, बेटी।' है किसी के पास इस वर्ग पहेली का उत्तर?

जनाना बीमारी

यह एक सरकारी अस्पताल का
जनाना विभाग है।
बहुत भीड़ है ओ.पी.डी. में।
एक एन.जी.ओ. की
कुछ सुन्दर कन्याएँ
जनपथ के गहने
और दिल्ली हाट की साड़ियाँ पहने
कर रही हैं
अपनी देहाती बहिनों का इंटरव्यू–
'कोई दिक़्क़त तो नहीं है यहाँ?'
'दिक़्क़त क्या होगी–
मस्ती में हैं।
इतने दिनों बाद चोटी-पाटी करके
छाती चौड़ी करके
दूल्हे के साथ निकलते ही
आधी बीमारी हो जाती है छूमन्तर!
जलती है कितना बगलवाली
कि वो भी काहे बीमार न पड़ी,
उसको भी दूल्हा दिला देता
नई-लई दिलरुबा चोली!
साड़ी में फॉल लगा देती गोतनी!
ख़ुशी-ख़ुशी घर से विदा करती।'
'अच्छा तो घर में अचानक
बीमार पड़ने से रुतबा बढ़ा है तुम्हारा?'
'इधर कोई डाँटता-दबारता नहीं,
सब सोचते हैं कि

जल्दी ही मर जायेगी शायद बेचारी!
मरने में क्या मुश्किल
जो इतनी हो ले हवाखोरी!
डाँटे, न मारे कोई
बच्चो की ले ले ज़िम्मेदारी!'
'उफ़, क्या बीमारी पुरानी है?'
'थोड़े दिन मटियाया,
        लेकिन जब मुँह पर हवाइयाँ लगीं उड़ने
लगने लगी दाँती रह-रहकर
तब बात छुप न सकी।
थोड़े दिन लोकल ओझा आजमाया,
ज़्यादा बीमार हो जाने पर
थोड़ा सा कर्ज़ा काढ़ा, थोड़ा पैसा बचाया–
पहले दरभंगा गये, फिर दिल्ली रेफर कराया।'
'ठहरना हुआ है कहाँ?'
'देवर की साली की ननद यहाँ रहती है।
उसका स्वभाव ठीक है–
सुबह तो खिलाया था छोला-भटूरा!
हम भी उसकी ख़ातिर लाये थे ठेकुआ,
घी, अचार, चूड़ा!'
'क्यू में यहाँ कितनी देर से हो?
कोई पीछे वाला पहले तो नहीं गया अन्दर?'
'यम के दरवाज़े खड़े हैं जी हम सब,
क्या पीछे, क्या आगे,
क्या ऊपर, क्या नीचे,
क्या बाहर, क्या अन्दर
जिसको जब जाना है, जाने दो–
तुम भी जाओ, हमको थोड़ा सुस्ताने दो।'

इसी तरह 'आउटविट' करती हैं देहाती महिलाएँ शहरी महिलाओं को। ऐसे ही 'आउटविट' करती हैं मिट्टी हवा को। हवा अपने सीने में मिट्टी की गन्ध और मिट्टी की धमक लिए इधर-उधर फिरती तो है। वह सहानुभूति-शून्य नहीं होती। मिट्टी के प्रति एक ख़ास तरह का बहिनापा भी उसमें होता है–पर मिट्टी का समूचा वजूद, उसकी उर्वरता, उसका जीवन-बोध उसके सँभाले नहीं सँभलता–यह भी सच है।

प्रतिनिधित्व मिथ है। जो जिसकी समस्या है—उससे निबटने का बीज मन्त्र भी उसके ही पास है। ज़रूरत बस एहसास जगा देने की है कि बीज मन्त्र है उसके पास। 'अप्प दीपो भव' (अपना दीपक आप बनो)।

चूँकि अस्पताल के सामने ही रहती हूँ। जब-तब किसी-किसी को लेकर अस्पताल जाना होता है। यह कविता मेरे एक बड़े अनुभव खण्ड का हिस्सा है। जिसको 'जनाना बीमारी' कहते हैं—गाँवों के प्राथमिक चिकित्सा केन्द्रों के अधिकारी बहुधा उसे एफ.एन.डी. (फण्ड नर्वस डिजॉर्डर) कहकर उसकी हँसी उड़ाते हैं। उनके शब्दों में यह 'नखरीली औरतों का जलवा' है—ध्यानाकर्षण प्रस्ताव, परिवार पर प्रभुत्व कायम करने का हथकण्डा : 'पानी की सुई लगाइए, थोड़ा सहला-वहला दीजिए और बीमारी ठीक!' एक तो यह आँकड़ों के आधार पर बिल्कुल ही गलत ठहरने वाली बात है—हर साल इलाज के अभाव में हज़ारों औरतें दम तोड़ देती हैं, कितनों को ज़िन्दा जलाकर मार डाला जाता है, कितनों के साथ ऐसी परिस्थितियाँ पैदा की जाती हैं कि वे चूहे-वूहे मारने की दवा खाकर मर जायें, कितनों के बीमार गर्भ से लगातार ख़ून के आँसू टपका करते हैं। साफ़-सुथरे, सुरक्षित प्रसव की सुविधाएँ तक मुहैया नहीं हैं उन्हें, और कहने वाले कहते हैं कि यह सब नखरा है।

जिस आलोड़न का 'हिस्टीरिया' कहकर मज़ाक़ उड़ता है—वह भी क्या युगों के उत्पीड़न, उपेक्षा, अनादर का स्वाभाविक प्रतिकार नहीं है? अगर कहीं की परिस्थितियाँ ऐसी हों कि प्यार या सहानुभूति, आदर और ध्यान पाने की ख़ातिर स्त्री के लिए बीमारी का नाटक ज़रूरी हो जाये, बिना उसके उससे कोई सीधे मुँह बात करने को तैयार ही न होता हो—तो यह बात हँसने की हरगिज़ नहीं मानी जा सकती।

इस प्रसंग में मुझे सहज याद आती है राजेन्द्र यादव की कहानी 'सिद्धि'। उसकी नायिका 'जोगिन' है—पुरुष-प्रधान इस व्यवस्था में पुरुषों पर प्रभुत्व स्थापन की उसकी तकनीक है 'जोग'—चोर बाज़ार में नीलाम 'जोहराबाई' की जूतियाँ खड़ाऊँ की तरह वह धारण करती है, पर इसे दमित यौन इच्छाओं के आध्यात्मिक उन्नयन का यत्न मात्र नहीं माना जा सकता। यह एक तरह का पावर गेम ही है। सारी दुनिया क़दमों में लोटे—इस महत्वाकांक्षा की पूर्ति के लिए जैसे पुरुष धर्म का राजनीतिक विनियोग कर लेते हैं, कुछ स्त्रियाँ भी करती हैं लेकिन, ज़रा सोचिए—कैसे समाज में जी रहे हैं हम कि कोई हमसे प्यार से बोले, इज़्ज़त दे हमको, हमारा इलाज करा दे, जीवन की प्राथमिक शर्तें पूरी करने में थोड़ी-सी मदद हमारी कर दे—इस छोटी-सी बात की ख़ातिर इतने-इतने चक्कर चलाने पड़ते हैं! लाहौल बिला कूवत!

टच वुड

पुरोवाक् : *यह कहानी एक ऐसे माँ-बेटे की है जिनको घर का 'मालिक' बात-बेबात धुन देता था, और पड़ोसी जब टोकने आते थे, बेपरवाही से बोलता था—'सात बरस छोटी है मुझसे, गलती करेगी तो पिटेगी नहीं? प्यार भी तो करता हूँ! बहुत बचपना है उसमें और फूहड़ता भी! कोई काम ढंग से नहीं करती, दिन-रात मैके की याद में टेसुए बहाती है और मैके वाले किसी काम के नहीं : स्वार्थी, मक्कार, कंजूस! थका-हारा लौटता हूँ तो इसकी सूरत देखकर ही गुस्सा आता है मुझे! बेटे को भी अपने ही जैसा मर-गिल्ला बना रखा है—पीट-पीटकर आदमी बना रहा हूँ मैं तो!'*

'माँ, आज का दिन अच्छा बीता, टच वुड'
'कैसे भला?'
'मरखण्ड है, वैसे तो, क्लासटीचर—
बम का गोला रहता है उनके कल्लों के भीतर,
खोला नहीं मुँह कि भ्रां-भ्रूं-भ्रां मगर आज वे मुस्कायीं
एक किसी बच्चे की बात पर'
'अच्छा, वह बोला तो क्या बोला
कि मसमसाकर रहा, नहीं फूटा
भ्रां-भ्रूं-भ्रां बम का गोला?'
"उसने तो हिम्मत की हद कर दी,
शिक्षक दिवस था न,
देकर टीचर को बड़ा-सा गुलाब, कहा—
'यह गुलाब मुश्किल से मैंने खिलाया है—
हार्लिक्स की ख़ाली शीशी के पानी में नमक डालकर।
दीदी को किसी ने दिया था जब—
उस समय यह बिल्कुल बच्चा था—

लगता था—स्कूल से थक आया है—
सिर झुकाकर बैठा था,
बिल्कुल नहीं हँस रहा था।
अम्मा उसे फेंकने को थी,
पर मुझको उस पर दया आयी
और उसे प्यार-व्यार करके
देखिए कि कैसे टनमना दिया मैंने।
वह अपने दुख भूलकर हँस रहा है,
नज़र न लगे, टच वुड!' "
'यह 'टच वुड' क्या होता है, बेटा?'
'हाँ, यह मैं भी सोचता हूँ—
लकड़ी में आख़िर ऐसा क्या है
कि उसका स्पर्श नज़र से बचाता है!
नज़र ठण्ड है कि लग जाती है बात-बात पर?
लकड़ी तो बिजली की होती है बैड कंडक्टर...
खैर, छोड़ो, माँ, बोलो—
दिन तुम्हारा कैसा बीता?
किसी ने डाँटा तो नहीं,
पूछ लिया करता हूँ आते ही दीदी से—
पापा के मूड और मौसम का हाल!
टच वुड, तुम ख़ुश दीखती हो—
दीदी कहती थी कि पापा भी मुस्काए आज,
टच वुड, बाबा, टच वुड—
अब मैं ज़रा सोऊँगा—
सिर दुख रहा है—
पूरे चालीस मिनट का ट्रैफिक जाम
स्कूल की दूसरी ही रेडलाइट पर—
बस का कंडक्टर बिना बात गरजा,
बच्चे भी ख़ूब लड़े आपस में—
माँ, सचमुच सिर दुख रहा है,
अभी कुछ खाया नहीं जायेगा!
अगले हफ़्ते से छमाही है—
उठकर, पढ़ना होगा,

आधा घण्टा, बस आधा घण्टा–
एमटीवी सुन लेता हूँ,
फिर झपकी लूँगा!
आ भी गये तो क्या,
पापा का मूड ठीक है आज तो–
टच वुड–
माँ, तुम भी सो जाओ,
मूड और मौसम का क्या,
कब बदल जाये,
आओ तो, थोड़ी ही देर सही,
खैर मना लेते हैं
बकरा और बकरे की माँ,
टच वुड!'

पुनश्च : 'टच-वुड'–'टच-वुड' करता यह बच्चा जिस तरह की दहशत में पल रहा है, वह क्या ख़ुद इसका दिल-दिमाग़ काठ नहीं कर जायेगा? पितृसत्तकों से पूछे कोई–दूसरों पर डण्डा उठाना खुद अपने पैर पर कुल्हाड़ी चलाना नहीं है क्या? याद हैं हमें अपने घर के सामने के सनातन बाबू जिन्होंने पत्नी को पीटने की ख़ातिर जो डण्डा उठाया तो आवेग में दिल का दौरा पड़ा और प्राण-पखेरू ही उड़ गये! बेचारे! जीवन की अन्तिम मुद्रा यही रही–पत्नी को पीटने की ख़ातिर उठा हुआ हाथ! उसी वक़्त कुदरत कह गयी–'स्टैचू'। जब वे मरकर गिरे, बच्चे भी हतप्रभ खड़े रह गये। समझ में ही नहीं आया कि रोना भी चाहिए!! ऐसी ज़िन्दगी भी क्या ज़िन्दगी पितृसत्ताक साहब, कि मरने पर कोई दो बूँद आँसू गिराने वाला भी न रहे!!

सार्वजनिक चौका

रिक्शावालों को पुकारते हैं 'रिक्शा',
साधक की साध्य से ऐसी तल्लीन एकात्मता
बिरले ही मिलती हैं धर्मशास्त्रों में भी!
बहुत सारे रिक्शे
झुण्ड बना के
जिस पीपल के नीचे सुस्ताते थे—
वहीं बेचती थी
खेसारी के साग की कचरी-घुघनी
रमावती नाइन।
औरत नहीं थी, वह इन्द्रधनुष थी!
लाल नेलपॉलिश, पीली साड़ी,
नीली अंगिया और चूड़ियाँ हरी,
लौंग झक् सफ़ेद और चमकीली हँसुली,
भूरी चमड़ी, टिकुली बैंगनी—
इन्द्रधनुष तक से कुछ ज़्यादा ही रंगीन
थे उसके सपने भी।
व्यस्त वह इतना रहती थी
जितना रहता है मिनिस्टर दौरे पर—
क्षण में इधर, क्षण में उधर।
सुबह-सुबह तेल और उबटन,
मेहँदी और आलता लगाने वह जाती थी
अपनी विशाल 'कांस्टिच्यूएंसी' के हर एक घर में
जहाँ वृद्धाएँ और नयी बहू-बेटियाँ
सारी घरेलू कूटनीतियाँ
अलग-अलग शिविरों में

उससे ही बाँटा करती थीं!
सब पर वह देती थी 'एक्सपर्ट ओपिनियन'–
पर राज सबके दफ़न रखती थी अपने सीने में!
अगम कुआँ था पेट रमावती नाइन का–
क़स्बे के सारे रहस्य
रस्सी से छूट गिरे
मटके के टुकड़ों-से
आपस में मिल-जुलकर रहते थे
उसके अँधेरे तल में!
पति एक था उसका, प्रेमी थे पाँच–
बच्चे छह, मुर्गी और बकरियाँ सात,
निन्दक उतने जितने तारे और प्रशंसक भी बहुत सारे!
फिर भी वह एकदम अकेली थी।
हर रिश्ते में, वैसे, बालू थी, मिट्टी थी–
लेकिन उसका मन था इतना ज़िद्दी पौधा–
कि कहीं लगता ही नहीं था।
विवादों का चूल्हा
रखती थी जला हुआ वह
एक अजब आग से
जो कभी उसकी
आँख में दमक उठता था 'दप' से
और नसों में तो लगातार
रहता था ज़रा-ज़रा सुलगा-सा।
शाम तलक
उसकी बड़ी परात में
एकाध ही बचती थी कचरी–वह भी ठण्डी और
किनारों से टूटी–
उसको ही टूँगती हुई सोचती थी वह–
'इतनी जल्दी आख़िर कैसे थक जाती हूँ?
क्या मेरी भी अब कुछ उमर हुई?
सब तारों से जो अलहदा पड़ा है–
वह चाँद तो लेकिन मुझसे भी बड़ा है,
उससे ही करती हूँ दोस्ती।'

बालू जो उसकी आँखों में थी–
शायद उस तट का पता जानती थी–
जिस पर वह गले-गले
मिल लेगी/अपनी उम्मीदों से
कभी एक दिन ऐसे
जैसे कि दुविधा के मारे हुए मन में
मिलते हैं निश्चय-अनिश्चय।

पुनश्च : लोकभाषा में 'छिनाल' या 'जुलुमिया' कहलाने वाली इन स्त्रियों में इंसानियत और क़ाबिलियत–दोनों शायद आम स्त्रियों से ज़्यादा ही होती है और यही होता है इनका ट्रैजिक फ्लॉ कि अपनी अगाधता में ये अपना लिंग-बोध भूल जाती हैं।

निउनियाओं, प्रौढ़ाओं, वेश्याओं, छिनालों, विषकन्याओं, रणचण्डियों और दासियों की यह पूरी श्रेणी जो भी भाषा बोलती है–चटक, पुष्ट, जीवन्त और धारदार! उसमें लोकजीवन अपनी पूरी ऊर्जस्विता और बाँकपन के साथ, अपने सब रंगों में सहज उजागर होता है। इनकी गालियाँ और ताने तक भाषा से एक ऐसी ज़ोरदार होली खेलते हैं कि धोबिनिया धोये आधीरात वाला आलम हो जाता है। साहित्य के सिर इनकी इस रंग-रंगीली, दृष्टान्त बहुल, चित्रमयी, ठस्सेदार, ठेठ भाषा का ऋण बहुत बड़ा है।

कुहनियाँ

पुरोवाक् : *रिश्तेदारों के घर जैसे-तैसे पलकर बड़ी हुई—जहाँ-तहाँ ब्याह दी गयी उन निरीह लड़कियों के नाम जिनके मुँह में ज़बान है कि नहीं—जल्दी पता नहीं चलता।*

किसी शृंगार शतक के नख-शिख वर्णन में
        चर्चा नहीं आती अपनी,
कभी कोई लड़की इसलिए नहीं छँटी
        ब्याह-वार्ता में
        कि उसकी कुहनियाँ नहीं सुन्दर।
आमतौर पर हम पर नज़र ही नहीं जाती लोगों की।
कोई देखता है आँखें
और कोई दिखाता है—
आँखें ही नहीं—जीभ तक दिखायी जाती हैं,
दिखाये जाते हैं अँगूठे बाज़ वक़्त,
बाज़ वक़्त खीसें निपोर कर
        दाँत दिखाने का भी चलन पुराना है,
पर हम कुहनियाँ—
घर की सबसे सुशील लड़कियों की तरह
रहती हैं छुप-छुपकर—
        आपस में ही गुदगुद,
        आपस में ही छनमन—
        मस्तराम मगन।
जब आ पड़ता है हथेली पर
समूचे माथे का भार—
ठुड्डी को जब चाहिए होती है

नेक-नेक-सी एक अदद टेक
हाथों की—
हम अपनी पूरी ताक़त और पूरे वक़्त से
रोपती हैं ख़ुद को
किसी खुरदुरेपन पर—अडिग और तत्पर।
अच्छा लगता है हमें होना शेषनाग
"आदमी का सिर" नामक धरती का।
करवट बदलती हैं हम
तब ही आता है भूचाल।
हममें नहीं लगता कभी तेल-साबुन।
दादी-नानी के ज़माने में उबटन
पिसी हुई सरसों, नारंगी के छिलके,
हल्दी-वल्दी का जल्दी-जल्दी
मला गया होगा जो—
पकड़-धकड़ कर एक सुबह कभी
उस उबटन की ख़ुशबू आती है
कभी-कभी सपनों में।
और हाल देखो हमारा अब—
इतनी चिरकुट, मैली—
क्या होती होगी
बुढ़िया भिखारिन की भी थैली?
एक ही क्रिया बनती है हमसे—
उस क्रिया का नाम है कुहनियाना,
कुहनियाना यानी देखते ही मौक़ा,
पाते ही कोना अकेला
दाँत पीसकर कोहनी मारना और कहना—
"सारी ये झंझट तुम्हारी उठाई हुई है,
आफत का परकाला हो तुम ही!"
खंजर की तरह
नज़र सबकी बचाकर
घोंप दी जाती हैं कुहनियाँ
छाती के पार

इस कुहनियाना क्रिया में,
और यह वार अवाक्
अपना-सा मुँह लेकर, उफ़ किये बगैर
झेल लेने के
बस कुछ ही देर बाद
सब-कुछ फिर हो जाता है ऐसा
जैसे कुछ हुआ ही नहीं,
दाँत फिर दीखने लगते हैं, फिर हिलने लगते हैं मुण्ड-वुण्ड,
कोई नहीं जानता कुछ भी
बीच में घटा क्या।
देखती रह जाती हैं औरतें
भीड़ से काटकर
वह एक क्षण कुहनियाए जाने वाला–
अटका रह जाता है जो मन में
जैसे कि अलगनी पर अटका
एकलौता पोंछे का कपड़ा–झिमिर बारिश में।

अथ श्री सत्यनारायण कथा

पुरोवाक् : *सिर्फ़ एक फैशन के तहत एनजीओ चलाती हुई मेमसाहिबों के लिए।*

"सुन्दरियाँ"–
        "दरियाँ इनमें लेकिन
        आयीं कहाँ से?
क्या ये दरियाँ हैं
        शतरंजी–
सत्यनारायण कथा की?
वो जो इक था अपना "सतना"
        "स" को "फ" कहता था–
घर-घर जाकर बाँट आता था न्योता
        सत्यनारायण कथा का–
"फुक्कर को
        फिवफंकर बाबू के घर में, फरकार
फतनारायण की पूजा है
        आया अभी हवार।
उनके भाई फंभुफरनजी–
        पहने धोती-गंजी,
अभी आपसे माँग रहे हैं
        एक बड़ी फतरंजी।"
सुनकर लहालोट होती थीं औरतें,
        उसको पिलाती थीं "चाह",
कहती थीं–"आयेंगी, फतना।"
        "और ये ले, अपनी फतरंजी।"
वो जो एक चीज़ हुआ करती थी

"सीतल परसाद"—
दूध-केला-चूरमा—
और वो जो होता था
"रामकेसौर" नाम का
बेडौल, लेकिन रसीला-सा
तिरहुतिया फल—
दोने में ले लेकर
खाने जुट जाते थे
मन्दिर के पिछवाड़े
हर पूर्णिमा के दिन
वे सारे बच्चे-बूढ़े
जिनके जीवन में
"फल" बच गये थे
केवल ऐसे ही आयोजनों के लिए—
या फिर बनकर,
कर्मफल, राशिफल,
"सफल", "विफल" वगैरह।
शतरंजी/दरियाँ वे
सब देखती थीं।
उसके बिल्कुल सामने ही
भक-भक
जलती रहती थी
पेट्रोमैक्स—
स्पर्द्धा में चाँदनी की।
सत्यनारायणजी
पूजा की चौकी पर
कदली-स्तम्भों से घिरे हुए
दबे हुए फुलगेंदवा से
देखा करते थे सब
अपने ही संसार के चक्कर।
सुन्दरियाँ—
सारे मुहल्ले की सुन्दरियाँ
भखरा सेनुर, लहठी, टिकुली से
सज-धजकर
आती थीं मन्नतें उतारने
और जिसके घर की होती थीं

दरियाँ—
चुपचाप वे समेट ले जाती थीं
वापस घर।
"दरियों" और "सुन्दरियों" का
यह सुन्दर रिश्ता
वर्णित है
मार्कण्डेय पुराण के
सातवें अध्याय में—
अथ श्रीरेवाखण्डे
जम्बूद्वीपे
श्री सत्यनारायण कथा।
पुनश्चः आरती का पैसा दिये जाये।
और अब अन्त में
मेमसाहिब का छोटा-सा भाषण—
कमिश्नरी से आयी हैं—
करतलध्वनि से करें स्वागत
"भारत की सन्नारियाँ
तुम डोरमैट नहीं हो, न दरियाँ हो—
दूसरों की ख़ातिर बिछो,
लेकिन उसके पहले दो
ख़ुद अपनी ख़ुदी को
रेड-कार्पेट वेल्कम।
अच्छा, चलें हम?
पता याद रखना हमारे
एनजीओ का,
आरती के पैसे बचाना,
पैसे बचाना गुल्लक के—
चन्दा जमा रखना—लिस्ट बनाकर रखना
तकलीफ़ों की,
अगले बरस
फिर हम आयेंगे,
इधर से गुज़रते।

केरल की एक लोकधुन पर आधारित

पुरोवाक् : *'बलात्' का (चीत्)कार झेल-पचाकर सीधी खड़ी नन्ही मानुषियों के नाम।*

आरारी अरारिआरोउऽऽ...
देखाजी एक तमाशा!
बांबी में फूल खिले—अमरतिया, लहरीले।
चींटी ने हाथी को, टकुए ने थाती को—
आख़िर तो पटखनिया दी।
गुनगुन-रुनझुन-अनमनी
जंगल में हवा चली।
हर पुकार जो अनसुनी—
दुनिया में थी वो ही—
मेरे पीछे लग गयी—
हुर-हुर, झिरझिर अस्फुट,
जंगल की "टीवी टुट" बन
मेरे पीछे चली।
माँ ने दी झोली
कि दीदी ने टोकरी
लकड़ियाँ चुनीं, फल भी बीने
कि इतने में
एकदम अचानक ही
आया वो काला तूफ़ान।
वो ज़ोराजोरी कि
उफ़, अम्मा, मैंने भी
लेकिन हथियार नहीं डाले
कि जो बाजरा कूटकर

रोटियाँ खिलायी थीं तुमने—
मैंने उनकी
सैरियत तो दी—
    मानो न, अम्मा, दी, बिल्कुल दी....जल्दी तो हार नहीं मानी!
थोड़ा-सा ख़ून बहा, उसके छपाके से बांबी के फूल रंग गये,
    ओ अम्मा, ओ अम्मा—
    मत रोओ लेकिन कि
    एक छपाका ख़ून ही तो था,
वो फिर से बन जायेगा।
इस बार नखरे बिना
    मैं खुद ही पीस-पीस खाऊँगी
    जौ बाजरा,
तुमको तकलीफ़ नहीं दूँगी,
कि मिट्टी से सारे दाग छुड़ा लूँगी
        मैं लहँगे का,
    ऐ अम्मा, ऐ अम्माजी।
आरारी अरारिआरोऽऽ।

नेकी कर और दरिया में डाल

पुरोवाक् : *सबीना खाला और उन सारी बहादुर वृद्धाओं के नाम जो बच्चों की बेरुखी झेलकर भी अपनी शर्तों पर जीती हैं।*

जाता है वो कहाँ तक?
कहाँ से शुरू होता है दरिया
जहाँ नेकियाँ डाली जाती हैं—
छठ के अरघ की तरह?
और कोई
जाने-न-जाने
जानती है—
बेटे की झिड़की से
सन्न हुई बुढ़िया :
कहाँ से शुरू होता है दरिया
जहाँ नेकियाँ डाली जाती हैं।
एक साथ इतनी कहावतों का मंचन?
अपना-सा मुँह लेकर रह जाना
और कलेजा मुँह को आना
रोएँ गिरना और दिल बैठ जाना,
दिन में सितारे नज़र आना।
क्या-क्या तू गठरी में कोंचेगी, माई
गठरी इस पटरी पर छोड़!
चल, चलकर खाते हैं
गरम-जलेबी, मूढ़ी लाई।
खा पीकर दोने तैरा देंगे दरिया में
और एक पकड़ेंगे मछली—
दरियादिली की।

रेखा दी और उनका एल.आई.सी. एजेंट

पुरोवाक् : *रेखा दी बला की सुन्दर आकाशी जीव हैं। शादी उन्होंने अब तक नहीं की और ठीक ही किया कि नहीं की—जिससे-तिससे कर लेने से अच्छा अकेला रहना नहीं क्या?*

एक सरल रेखा थीं रेखा दी
ज्यामिति के हिसाब से जिसकी परिभाषा होती है—
लघुतम दूरी
        किन्हीं दो बिन्दुओं के
        बीच की!
वे दो बिन्दु क्या थे
        जिनके बीच की
        लघुतम दूरी थीं
                रेखा दी—
ये मैं नहीं जानती!
सिर्फ़ इतना जानती हूँ,
        वे बेहद सीधी थीं :
इनती सीधी और भावुक भी इतनी
कि उनको एक दिन लगा—
        एल.आई.सी. एजेंट ही
अपना सच्चा प्रेमी,
बोलीं, "अनामिका,
तुम तो पढ़ाती हो साहित्य,
        बोलो ज़रा।
इस उमर में भी क्या
मुझसे हो सकता है
प्रेम किसी को सच्चा?

परेशान हूँ मैं तो कई दिनों से—
एक आदमी है भला-सा—
मुझे देखते दूर से ही
वह दौड़ा चला आता है—
भावविभोर और बेहाल।
रोकता है रास्ता, करता है फरियाद,
हित-चिन्तन के प्रमाण देता है जाने कितने—
एक-पे-एक
टाल-पे-टाल
ऐसी है दत्तचित्तता उसकी,
इतना लवलीन दीखता है
जैसे कि मेरे बिना
डूब जायेगी उसकी नैया,
जीवन-भर साथ निभानेवाली पालिसियाँ देता है—
जीवन-बीमा, जीवन-स्नेह, जीवन-साथी—
हर साँस में जीने-मरने का तत्वज्ञान—
और मुझे चाहिए भला क्या प्रमाण?
मैंने कहा—"बिना देखे कहूँ क्या?
आप अगर आश्वस्त हैं तो
यह आपकी ख़ातिर उसका
निःस्वार्थ प्रेम ही होगा।"
थोड़ा खुजाया सिर फिर बोलीं "निःस्वार्थ?"
कभी-कभी लेकिन खटकता है यह सब—
थोड़ा ज़्यादा ही विनीत,
और जाने किससे भयभीत
लगातार वो दीखता है।
इतना विनीत और इतना भयभीत
कैसा लगेगा मनमीत?
अम्मा क्या सोचेगी,
क्या सोचेगा भैया—
बेकार ही इसको इतनी कहानियाँ सुनायी थीं
धीरप्रशान्त नायकों की—
इसने तो इतना अधीर और इतना अशान्त चुना प्रेमी।'
इस पर मैं हँसने लगी,
तो उन्होंने खुद को ही मारी एक चपत :

"बहुत सोचती हूँ मैं," खुद को ही डाँटा,
इतना आगे-पीछे सोचा करने वाला
क्या खाकर प्यार करेगा?
वह सिर्फ़ करवायेगा जीवन बीमा।
मुझको घुट्टी में पिलाया गया था–
'आनेस्टी इज़ द बेस्ट पालिसी'।
अब लगता है कि
यह 'आनेस्टी' भी होगी
एल.आई.सी. जैसी ही पालिसी–
गारण्टी-पटरी पर दौड़ा करने की–
एकदम सुरक्षित।

द्वितीया (पक्ष एक)

पुरोवाक् : *विवाहेतर सम्बन्धों का त्रास एक (त्रिकोण नहीं) चतुष्कोण में घटित देखें इस चरित्र के बहाने।*

मैं हूँ तुम्हारी "पुनश्च"!
पूरा आलेख हुआ रखा था कॉम्पोज्ड—
डाक-टिकट, मुहर-वुहर, लम्प-लिफ़ाफ़ा—
रखा था सारा तैयार
कि तुमको याद आ गया सहसा—
अरे, यह तो रह ही गया!
थोड़ा इधर कौंधा, थोड़ा उधर
कुछ तुमने रहने दिया,
कुछ के माथे पर बैठा ही दी तारिका
और जल्दी-जल्दी नीचे लिखा :
पुनश्च!
उस पुनश्च के घेरे में
होने को तो वह सब-कुछ ही होना था
जो कहने से छूटा था अब तक,
पर अफरा-तफरी कुछ ऐसी थी,
कुछ कहा गया, कुछ अनकहा रहा।
रेल-ठेल से ऊबकर
एक पंक्ति ने
तभी दूसरी से कहा—
"इसकी ज़रूरत ही क्या थी—
बेकार ही पेज गन्दा किया"
जब-तब टपक जाती है टप से
इनकी यह मुँहलगी पुनश्च!

कैसी बुर्राक साफ़ चिट्ठी थी—
कार्यालयी कार्रवाई की—
अच्छी तरह टंकित—
उस पर भी
पिछले दरवाज़े से आ धमकी
आदिम स्याही से धुत—
हाथ से लिखी—
लिपी-पुती, पगली पुनश्च!
इस पर पुनश्च बेचारी यह
कितना तो कितना लजायी!
ख़ूब जानती थी वह
कि उसके होने, नहीं होने से
कोई तो "फ़र्क़ नहीं पैंदा"
फिर भी वह थी,
थी तो थी ही—
छोटे पहाड़ी स्टेशन के
वृद्ध रेलवे गार्ड की
नन्ही-सी लालटेन जैसी—
बहुत देर से आने वाली किसी ट्रेन के
इन्तज़ार में ऊँघती।

क्या मैं अन्दर आ सकती हूँ (द्वितीया : पक्ष दो)

"ठक-ठक-ठक"
"कौन?"
"मैं? क्या मैं कहूँ? मुझे ख़ुद पता ही नहीं
हूँ मैं कौन?"
"हद है, इतनी रात?
क्या कोई भटकी हुई सोच हो?
लेखक के घर से तो आयी नहीं हो?
झपकी हो वैज्ञानिकों की—
ऐस्प्रिन से टाली हुई?
देखो, मेरी पत्नी शक्की है।
आगे होगा कोई ख़्वाबगाह
छात्र वहाँ रहते हैं
और पुराने कुछ कामरेड—
उनके तो लॉज का खुला ही मिल जायेगा तुमको दरवाज़ा।
भटके ख़यालों का वे ही करते हैं वारा-न्यारा।"
"क्या मुझ तक ही आने को
निकली थी घर से?
मैं? क्या मैं ऐसा सिकन्दर हूँ
कि कोई मुझसे मिलने चाले
और मिल भी ले—
वह भी बेमतलब?
या कोई काम-धाम है?
भाई, अगर है तो बता दो।
कामकाजी आदमी हूँ, कर ही दूँगा।
काम बताओगी तो बीवी भी आने देगी अन्दर,
बाहर की ठण्डक से बच जाओगी।"

"लेकिन मुझे तुमसे कोई भी काम नहीं है।
बोलो, क्या आ सकती हूँ अन्दर?"
"बेकाम? बेमतलब? निष्काम?"
"मत बोलो बड़े-बड़े बोल, भले आदमी।
निष्काम क्या होता है?
एक कामना है तो,
        पर कोई काम नहीं।"
"घर वाले पूछें तो बोलूँ मैं क्या?
आदमी-औरत का
        बिना काम का रिश्ता
        किसी के गले नहीं उतरता।
मुझसे नहीं कोई काम अगर,
तुम ही मेरे काम आ जाओ—
        कोई तो जुगत निकालो।
बच्चों को दे सकती हो मैथ्स के ट्यूशन?
खाना बना सकती हो? कर सकती हो पत्नी की मालिश?
क्या पता किस लायक हो? खिड़की से देखूँ?
कहाँ हो? हवा हो?
        छाया हो? माया हो?
ऊँ भूर्भुवः स्वः तत्सवितुर्वरेण्यं
जल तू जलाल तू, आयी बला को टाल तू
दुहाई फत्ते शाह कलन्दर की,
        छू मन्तर छू......
अरी, कहाँ हो, भागवान, सुनो, सुनती हो।
        बत्ती जलाना जरा।
        देना तो एक डायजीन।
इधर नींद आती नहीं ठीक से।
डब-डब करता रहता है पेट
और मन भी डब-डब करता है,
बोलो तो, कितना बजा है।"
"ठक-ठक-ठक....
क्या मैं अन्दर आ सकती हूँ?
धूप नहीं पूछती मोखे से,
बत्तख नहीं पूछती पानी से,

नहीं पूछतीं बूँदें बारिश की मिट्टी से
इच्छाएँ नहीं पूछतीं अकबक मन से।
कभी-कभी अनपूछा, अनजाना, मनमाना
कर ही लेना चाहिए, है न?
फांफड़ में ही बसती है ज़िन्दगी,
कोनों में, अन्तड़ों में–
खानों में नहीं, चौखटों में नहीं।
दिनचर्या के बाहर जो छलका-जीवन है।
अधजल गगरी अच्छी
भरे-भरे, मरे-मरे गोल गप्पेपन से–
अधजल गगरी अच्छी
आत्ममग्न पूरेपन से
कि छलकती तो है
आँखों की ही तरह सरहद के पार।"

छोटा-सा यह नुक्कड़ नाटक

पुरोवाक् : *यह मेरी एक मुसलमान सखी की तरफ़ से जो जननाट्यमंच से गहरे जुड़ी है। गोधरा काण्ड में इसने ये दो सन्ताप एक साथ कैसे झेले होंगे—आप कल्पना कर सकते हैं : पन्द्रह दिनों के भीतर एक तरफ़ तो भाई खो दिया, दूसरी तरफ़ बचपन से साथ ही खेला कूदा हिन्दू प्रेमी, मज़े की बात ये कि दोनों निर्दोष थे—दोनों में से किसी को साम्प्रदायिक राजनीति से कोई दिलचस्पी नहीं थी। दोनों को दंगाई खा गये।*

ग्यारहवीं शती के
गिरजाघरों में
खेले जाने वाले
मॉरैलिटी प्ले के उद्‌भावको।
यह मेरे जीवन का पहला है
मॉरैलिटी प्ले!
पहला दृष्टान्त-काव्य,
पहलौंठी एलिगरी।
डर लग रहा है मुझे!
सड़े टमाटर फेंकेंगे मुझपर
मेरे समकालीन
कि मैंने हिम्मत ही कैसे की
इस पुराने फ़ैशन में
इतना इकहरा सच कहने की।
चलो मगर, फेंकेंगे ही तो मैं खा लूँगी,
चुपचाप खा लेना चाहिए, मिले जो भी
कहती थी दादी,
तो मैं करूँ कोशिश?
उससे ही शायद हटेगी कशिश।

एक दिन की बात है—
प्रार्थना
इबादत के घर पहुँची,
एकदम से हड़बड़ायी हुई,
बोली—
"कैंची है?
है तो दे दो, प्लीज़।
जिल्द चढ़ानी है किताबों पर,
स्कूल में ऐनुअल-डे है, बस्ता जमा करना है उसको,
और उसने फाड़ रखी हैं
सारी किताबें।"
लजा-सी गयी इबादत—
"कैंची-छुरियाँ अब कहाँ घर में?
अब तो वे भी घूमती हैं
मर्दों की है जेब में।
मेरी तो सुई भी नहीं मिल रही।
चाक-चाक है मेरा दामन तो कब से।"
"क्या हो गया है इन लोगों को?
भरोसा करो या कि विश्वास—
आयेगा आराम उतना ही।
प्रीत करो भाई, कि इश्क़ करो—
झुरझुरी तो वो ही होगी,
उठेगी वैसे ही हूक
और वैसी ही तकलीफ़ होगी।
एक ही होती नहीं क्या तड़प
प्यास की और तिश्नगी की?
बेइज़्ज़ती और अपमान—
एक स्वाद की ही हैं निमकौड़ियाँ दोनों।
गलतफ़हमियों का
क्या होता है हिन्दी पर्याय?
नहीं भी अगर होता है तो क्या?
हिन्दी वालों को भी होती तो हैं न—
गलतफ़हमियाँ।

होती हैं तो
किसी और ही तरह से
लगती है क्या आग उनके दिलों में
और ही तरह से क्या बहता है उनकी
धुआँ-धुआँ आँखों से पानी?"

अस्पताल-गेट के समोसे

ये बार-बार तल दिये जाते हैं।
दिन-भर में तीन-चार बार
ठण्डे तो होते ही होंगे इन्तज़ार में
        एक गाहक के!
गुस्सैल मालिक के
        उतने ही गुस्सैल नौकर की तरह
        बार-बार ठण्डा-गरम होना
        है शायद इनकी किस्मत।
आसान होता नहीं ख़ून के घूँट पीना वैसे—
झुरझुरी जगती है पूरे बदन में,
        दिल डूबता है,
आ जाता है चुहचुहाकर
                माथे पर
        तेल-तेल-जैसा पसीना!
आँखें आकाश की तरफ़ उठती हैं
और धक् याद आती हैं
        तीन-चार उम्दा कहावतें!
गरम तेल कुछ भी नहीं बोलता!
वह सिर्फ़ करता है इन्तज़ार—
        डूबते-उतरते समोसों का!
परिचर्या में दूर गाँव से आये
रोगियों के सारे इष्टमित्र
नींद, भूख, प्यास और आतंक से छलछलाये
देखते हैं शहर की सारी रेल-पेल
        थकी हुई आँखों से—
अस्पताल के गेट पर टेके गठरी!

देखते हैं उनको ध्यान से समोसे!
देखती है उनको बार-बार औंटी हुई चाय!
धुआँ-धुआँ, भाप-भाप है सब-कुछ।
जाड़े की खुलती हुई यह सुबह है।
झारखण्ड के जंगलों से भरकर टोकरी
आयी है बेचने संजीवनी बूटी के गुच्छे
यह औरत।
पानी के छींटे जब पड़ते हैं इन बूटियों पर,
हरी-हरी ख़ुशबू उठती है!
जले हुए तेल से बसाते समोसों को
आती है चैन की उसाँस!
आँचल से उस औरत के
झप मुँह निकालता है उसका
गोद में ठिठुरा पड़ा बच्चा—
"माँ, बोलो, शाम हो गयी क्या?
नाले में गुड़प हुआ गेंद मिला?"
कहना कठिन है—
यह शाम या सहर है,
धुंध-धुआँ है सब-कुछ!
इन्तज़ार है रोशनी का—
और इस इन्तज़ार में
सट-सटकर ढाबे के पत्थर पर बैठे
चोर-चौकीदार,
छोटे सौदागर,
छोटे किसान, कर्मचारी,
मज़दूर, मँझले दलाल,
आधा अँधेरा है, आधा उजाला है—
यहाँ जो भी है बस आधा-आधा है—
आधा अच्छा, आधा बीमार।
अधखाया पड़ा है समोसा
मुचड़े हुए दोने में
अपनी अगरधत्त चटनी के साथ।

पुनश्च : यह कविता सफदरजंग अस्पताल के गेट नम्बर तीन पर गरम समोसों के साथ जड़ी-बूटियों की चटनी बेचती एक आदिवासी महिला के अद्भुत जीवट

के नाम। एक पुलिसवाला उस पर विशेष मेहरबान हो गया था—सबके सामने वह उसको डण्डा दिखाकर फ़ुटपाथ ख़ाली करने को कहता और अकेला पा लल्लो-चप्पो उससे बतियाता। वह उसको दूर खदेड़ा करने की ख़ातिर सचमुच ही तन्त्र-मन्त्र करती, पुतले जलाती उसके नाम के। ...एक दिन अचानक वह लापता ही हो गया और फिर उसकी आँखों में ऐसी वीरानगी उतर आयी कि क्या कहूँ। जीने की ख़ातिर दोस्त की तरह एक दृढ़ दुश्मन कितना ज़रूरी होता है—यह मैंने तब जाना।

सिनेमाघर

याद वो ज़माना है, बिट्टन–
जब हम सब
खिलाती थीं अष्टदल कमल
गुलाबी रिबन का–
लम्बी-सी चोटी के
अगले सिरे पर!
चाकू के थोथरे किनारे से
हम निकाल लेती थीं
काजल की नोकें!
मेरा बच्चा
एक पुरानी हिरोइन का
नोकदार काजल दिखा
बोला–
"माँ, एक दिन तुम लगाना
ऐसा काजल–
माली चचा की ऐंठी मूँछों-सा–
ज़ोरदार।"
वो इक ज़माना था
जब क़ाफ़िले चलते थे रिक्शों के
सिनेमाघरों तक।
हफ़्तों बनते थे कार्यक्रम,
होती थी हाँ-हाँ, ना-ना,
चौके के पीठासन से
आते थे फ़ैसले–
"अच्छा, जाओ, मैटिनी शो हो आओ,
पर झुण्ड में जाना
और राह में खाती मत रह जाना तुम सब

शाम तलक चाट और गोलगप्पे!
बाबूजी के लौटने के पहले तो घर
आ जाना भाई ज़रूर,
वरना कराओगी मेरी भी तुम सब फ़जीहत!"
शरमाती-झोंकती निकलती थीं हम सब
शेखर टॉकीज से
पाँच-साढ़े पाँच तक–
"हाय, कैसी आँख से देखता है नवीन निश्चल!
कैसी आवाज़ है मेंहदी हसन की–
रंजिश ही सही, दिल ही दुखाने के लिए आ" वगैरह!
बाद के वर्षों में
इधर-उधर सुनते हुए आनी-बानी,
पिटते हुए धुआँधार
आते रहे याद हीरो सिनेमा के
और ग़ज़ल गायक
"दिल ही दुखाने के लिए"... हा...।
बैंक थे सिनेमाघर
छुट्टे सपनों का होता था वहाँ
एक खाता ऐसा–
जिसको कि कहते हैं बैंकर
स्लीपिंग अकाउण्ट–
बरसों तक वह सब ऑपरेट भी नहीं होता!
छोटी-सी एक रकम
जिसका कि आपको
ध्यान भी नहीं रहता–
करती रहती है
वहाँ आपकी प्रतीक्षा–
चिरवियोगिनी की तरह।

पुनश्च : यह वक्तव्य अपनी एक पुरानी क्लासमेट के नाम जो सिनेमा की दुनिया में ही जीती थी। रूमानियत की पराकाष्ठा थी वह। मगर शादी उसकी उसके पूज्य माता-पिता ने रचायी ख़ूब दहेज दे-दा कर एक सख़्त व्यापारी के साथ जो आदमी नहीं था, आलू का बोरा था। ऐसे सब माता-पिताओं के नाम जो तत्त्वगत समानता का ध्यान रखे बिना 'कन्यादान' का पुण्य कमा लेते हैं।

अभ्यागत

रोज़ निकाला जाता है मुझको!
रोज़ केंचुए की तरह
गुड़ी-मुड़ी हो
फैल जाती हूँ फिर से!
वे कहते हैं और कहते हैं ठीक–
अपनी औकात जाननी चाहिए,
पैर उतने पसारिए
जितनी लम्बी सौर हो!
और सौर के भीतर
गुड़ी-मुड़ी होकर
जो सोया हो कोई सौर-मण्डल?
सोये हों जो चाँद-सूरज
बाल-बुतरू की तरह
लिपटे हुए दायें-बायें?
मेरे ही कन्धे पर सर रखकर सोये हों जो तारे,
पेड़-वेड़?
नदियाँ जो पाँव से लिपटी हों
नीली साड़ी बनकर?
जो पहाड़ टभक रहे हों मेरे आँचल में
मेरी यह दूध-भरी छाती बनकर?
क्या है मुझसे बाहर?
कहाँ निकाला जाता है मुझको?
घर ये जो है–
इक्कट-दुक्कट का बाड़ा ही है–
उससे ज़्यादा इसकी क्या होगी सरहद?
खेल रही हूँ जब तक

इक्कट-दुक्कट

नाच रही हूँ

चप्पू गोटी की ही लय में सरहद के भीतर।

बाद उसके

हद क्या? क्या बेहद?

खुसरोजी, उस वक़्त भी छेड़ना मत तुम,

घर चलने का क़िस्सा,

कौन घर होता हुआ देखा "आपना"?

पुनश्च : 'तत्त्वगत वैषम्य' (इनकॉम्पैबिलिटी) का शिकार अपनी एक और सहेली की ओर से—हर छोटी-बड़ी भूल पर जिसके पति परमेश्वर चीख़ते हैं—'गेट आउट।' यह 'गेट आउट' उनका सिद्धमन्त्र है। चूँकि उसके पास कोई वैकल्पिक स्पेस नहीं, यही एक तर्क गढ़ा है उसने जी को बहलाने का कि कहते हैं गुस्से में 'गेट आउट' पर उनका आशय नहीं होता यह कि मैं सचमुच निकल जाऊँ। और अगर सचमुच वे चाहते हैं कि निकल जाऊँ मैं और फिर भी रहने देते हैं मुझको अपने घर में तो यह इनकी महानता है।

कहने को कुछ भी कहे—दिल उसका सच जानता है और तभी तो ऐसे फैल रही है वह पूरी ही कायनात में।

घूँघट के पट खोल रे

पुरोवाक् : *अपनी उन छात्राओं के नाम–जो मॉडलिंग की दुनिया में गयीं–हमको यह समझा-बुझा कर कि टीवी की स्क्रीन पर उनकी देह का छायानुवाद शोहदों की पहुँच के बाहर रखेगा उन्हें।*

हँसती हुई दीखती हैं वे
हर ओर–
टीवी में,
सारे मुखपृष्ठों/चौराहों पर!
पिटकर भी निकली हों घर से
तो ज़ाहिर नहीं होने देतीं!
नये ज़माने का घूँघट
हँसी है शायद–
सबके मुँह पर है यह–
एक नये ड्रेसकोड के ही तहत!
एक अँगूठे की तरह ही
दिखाती हैं देह
पार टीवी के
वे।
रणभेरी इस बार उनकी तरफ़ से है–
कहती सुनायी देती हैं–
"आ बैल, मुझे मार–
आ, पी के दिखा, मृगमरीचिका पी, हिरण
दौड़-थक, हाँफ, मर-खा जा!"
कहती है धुआँधार
"सारी लड़ाई इसी की अगर है
कि बोले देह देह की बोली

टीवी टुट मैं बोल तो रही हूँ–
पर आपके सिर के ऊपर से गुज़री हूँ–
अनसमझी बात की तरह
पीहू की रफ़्तार में।”

“जाल बिछा ही रह जायेगा क्या, भाई?
सारे चुग्गे
खुद ही खायेंगे क्या चुनकर
भूखे बहेलिए?”

अबला जीवन, हलो, तुम्हारी यही कहानी!
“मुख पर डारै” छोटी-सी मुस्कान
सुनो सब आनी-बानी!

चौदह बरस की दो सेक्स वर्कर्स

धूप
नन्ही कलाइयों में
झीसी की
सतरंगी चूड़ियाँ पहनती है जब—
कहते हैं—गीदड़ की होती है शादी!
गीदड़ भी कितना
रूमानी होगा
जो शादी की ख़ातिर
करता है इन्तज़ार
ऐसे चकाचक मौसम का!
इक मैं हूँ—हरदम तैयार—
मुझको तो सुदिन-कुदिन नहीं सूझता!
　　　　पीली आँधी हूँ मैं
　　　　मीरा के गाँव से चली हूँ—
　　　　घुँघरू बिना बाँधे
　　　　नाच रही हूँ गोलम-गोल—
　　　　पर जहाँ-तहाँ!
आ जाऊँ अभी इसी दम—
बोलो—किधर? कहाँ?

अंकल, तुम भारी बहुत हो!
अच्छा, चॉकलेट खिला दो!
अंकल, तुम्हारे भी बेटी है?
अच्छा बोलो, उसका क्या नाम?
वह भी मेरे-जैसी मज़ेदार है क्या—बोलो तो।
अंकल, करिश्मा-सी दिखती क्या?

मुझको ये वाला स्टाइल सूट करता?
छोड़ जाओ, अंकल, जाँघिया तुम अपना!
पेट दुख रहा है कुछ मेरा
होगा, अरे, माहवारी का चक्कर ही होगा!
हटो परे, यह अपना
झक सफ़ेद शर्ट तो बचाओ!
हो जायेगा, लालमलाल अभी।
सर्फ एक्सल है न। बोलेगा बीबी!
चुनरी में दाग
लगेला क्या?

पुनश्च : बिकी हुई बच्चियों के नाम जो मेरी आपकी भी हो सकती थीं।

गालियाँ सुन लेने का शील

पुरोवाक् : *उन भोली, हँसमुख गृहस्थिनों के नाम जो दिन-भर खटती हैं घर में ही (कहने को नौकरी नहीं करतीं) और सारी जलालतें झेलती हैं इस तर्क पर कि 'दुधारू गाय की लताड़ भली।'*

धीरललित, धीरप्रशान्त,
धीरोद्धत, धीरोदात्त–
        चार तरह के नायक
        बतला गये हैं न भरत मुनि
        नाट्यशास्त्र में–
इन सबका एल.सी.एम. निकालें तो
        एक "धीर" ही नज़र आयेगा
        उभयनिष्ठ, उसका पहाड़ा पढ़े चलिए
तो जीवन में सब-कुछ ठीक ही रहेगा!
नायक बन लेने की साध अगर हो मन में :
धीरज से विकसित करना होगा
        गालियाँ सुनने का शील–
धोबी हों रामराज्य के या कि शिशुपाल
"बिन साबुन, पानी बिना" निर्मल वे रखेंगे
        आपका "सुभाय"।
एक सीमा पार कर लेने के बाद मन में आयेगा–
एकदम ही उठा लें गाण्डीव या चक्र जैसा कुछ,
पर उसको कानून हाथ में लिया जाना
        कहा जायेगा : यह याद आते ही
        आप जायेंगी थमक,
        क्योंकि क़ानून–
ट्रैफ़िक में फँसे अन्धे, अनाथ बच्चे की तरह–

दिखलायी देता है उनको ही
जो इसको चाहते हैं देखना।
भागते भूत की लँगोट भली,
दुधारू गाय की लताड़ भली–
कैसी तो अजब-गजब चीज़ें
भली मानी जाती हैं अपने यहाँ,
और बस इसी तर्क से
आँख मूँदकर, रोककर साँसें
धीरप्रशान्त भाव से लोग खाते हैं गालियाँ!
वैसे तो रहती हैं शाश्वत डायटिंग पर स्त्रियाँ,
पर गालियाँ खाने में उनका नहीं जवाब!
गोलगप्पों की तरह गपागप
गाल फुलाकर, सिर झुकाकर,
घोटतीं हुई थूक,
नाक-आँख से पानी
इमली का छलकाती
खाये ही जाती हैं
शाम से सुबह तक वे
ख़ूब मिर्चीदार गालियाँ–
ऊपर से थप्पड़, घूँसे, डाँट, ताने–
बोनस में–
बाई वन, गेट वन फ्री–
और ज़्यादातर तो सैम्पल में मुफ़्त बँटी–
बस यों ही।
जैसे कि फाइवस्टार के संग पेप्सी,
वैसे ही गाली के संग घूँसे–
क्या फ़र्क़ पड़ता है जी!
बचपन से यही सीखते आये हैं–
फूलों के संग होते हैं काँटे,
दुधारू गाय की लताड़ भली–
रोटी जो देता है–
गोलगप्पे भी खिला देगा कभी-कभी
तो क्या–है न जी,
है न जी?

□□